名师名校名校长

凝聚名师共识
固志名师关怀
打造名师品牌
培育名师群体

顾明远题

过去未来，皆赖乎今

邓彬名师工作室引领下的初中历史教学的行与思

邓彬◎著

中国文联出版社

图书在版编目（CIP）数据

过去未来，皆赖乎今：邓彬名师工作室引领下的初中历史教学的行与思 / 邓彬著. — 北京：中国文联出版社，2024.3

ISBN 978-7-5190-5480-9

Ⅰ. ①过… Ⅱ. ①邓… Ⅲ. ①中学历史课–教学研究–初中 Ⅳ. ①G633.512

中国国家版本馆CIP数据核字（2024）第060674号

著　　者　邓　彬
责任编辑　刘　旭
责任校对　秀点校对
装帧设计　刘贝贝　李　娜

出版发行　中国文联出版社有限公司
社　　址　北京市朝阳区农展馆南里10号　　邮编　100125
电　　话　010–85923025（发行部）　010–85923091（总编室）
经　　销　全国新华书店等
印　　刷　三河市龙大印装有限公司

开　　本　710毫米×1000毫米　1/16
印　　张　15.75
字　　数　279千字
版　　次　2024年3月第1版第1次印刷
定　　价　58.00元

前言

历史，是一门神奇的学科。它不仅记录了人类的过往，更深刻地反映了人类社会发展的规律和人类文明的丰富多彩。历史课程作为一门必修学科，能够帮助学生了解中外历史发展进程，传承人类社会的文明，还能够丰富学生的历史知识和培养学生的文化素养，更能够帮助学生获得独立思考和批判性思维的能力，有助于学生对世界有更全面、理性和深刻的认识。《义务教育历史课程标准（2022年版）》指出：历史课程具有鉴古知今、认识历史规律、培养家国情怀、拓宽国际视野的重要作用；历史课程的目标是落实立德树人根本任务，体现历史课程的育人功能。

落实历史课程的作用和目标，历史教师起着极其重要的作用。无论是在历史课堂上，还是在课后辅导中，我们不仅要传授给学生知识，引导学生认识历史真相，激发他们对历史的兴趣和热爱，还要引导学生初步树立正确的历史观、民族观、国家观和文化观。我们要让学生学会在唯物史观的指导下看待历史，在具体的时空条件下考察历史，依靠可信史料去了解和认识历史，能有理有据地表达对历史的看法，形成对国家和中华民族的认同，具有国际视野。在这个过程中，历史教师作为知识的传授者、学习的引导者、素养的培养者，要面对各种挑战和困难。所以，历史教师需要不断地学习和积累，丰盈自己的知识，研究历史课程，分析学生的情况，提升自己的教育教学水平，提高自己的历史学科专业素养，改善自己的教学技能。这样才能更好地引导学生走向未来。

湖南省邓彬初中历史名师网络工作室的创建、成长和发展，是我对历史课程资源的建设与应用，以及对历史教师专业发展的一次探索和思考。工作室自2014年创建以来，就积极推进现代信息技术与初中历史教学的深度融合，持续开发并分享接地气的多样化的教学资源，努力拓宽有关历史的信息源，扩展历史视野，探索多种多样的历史教学方式方法，更好地突出教学重点，解决教学难点，以落实培养学生历史学科的核心素养。工作室是由一群具有深厚历史素养、扎实教育教学经验、热爱历史教育事业的优秀历史教师组成的团队。这个团队的成员，成长于课程的“双基”时代，经历了历史教学的“三维目标”时代，现在迎来了课程的“核心素养”目标时代。我们以工作室的网络平台为主，结合线下研讨等多种方式，切实推进初中历史课程改革，不断探索有效的历史教学方法，汇聚历史教学资料，形成了一系列切实可行、富有创新性的教学资源、教学方案和实践经验，为历史课程的推进与改进，学生个性化与全面发展提供了有益的思路和丰富的经验，也有效地推动了湖南省尤其是湘西南地区的初中历史教学的发展，引领了广大初中历史教师的专业成长。

《过去未来，皆赖乎今——邓彬名师工作室引领下的初中历史教学的行与思》一书，就是我和工作室部分成员，在工作室建设、应用和研究上的一部分智慧结晶。作为一名初中历史教师，我躬身笃行主持工作室的每一项活动，积累了丰富的历史课程教学经验，逐渐形成对历史教育问题的独特见解和深刻思考。在书中，我详细记录了湖南省邓彬初中历史名师网络工作室的成长历程、课题案例、实践经验、成果影响等，为广大历史教师提供了学习和借鉴的素材。

这是一本实用性较强的初中历史教学参考书。本书内容较丰富，案例操作性强，既展示了湖南省邓彬初中历史名师网络工作室各个方面的成绩，也介绍了丰富的初中历史教学方法和初中历史教学问题的研究方案。在具体案例中，我详细阐述了如何正确处理师生之间的关系、如何培养学生对历史的兴趣、如何启发学生独立思考等问题，希望能为历史教师们在历史教学实践中提供一点有益启示。

最后，我想说，历史教学必须体现育人功能，必须进一步明确“培养什么人、怎样培养人、为谁培养人”。希望我们的历史教师们能够从这本书中汲取营养，不畏困难、不断创新，逐步形成独特而富有感染力的教学风格，给学生带来更好的历史学习体验，为历史教学贡献自己的力量。

邓 彬

2023年2月25日

目录

教研：问渠那得清如许？为有源头活水来

争鸣：会当凌绝顶，一览众山小

课堂：胸中有丘壑，腹内有乾坤

中考：宝剑锋从磨砺出，梅花香自苦寒来

师训：欲穷千里目，更上一层楼

教育：随风潜入夜，润物细无声

心扉：路漫漫其修远兮，吾将上下而求索

附 录

教研：问渠那得清如许？为有源头活水来

湖南省邓彬初中历史名师网络工作室的发展纪实

“彬彬有礼诚邀精英担当历史使命，楚楚非凡引领同行勇闯教育时尚。”这是2015年署名为“历史有温度”的网友在湖南省邓彬初中历史名师工作室网络平台里的一个留言，如此盛誉令工作室团队成员欣慰之余也汗颜至今。从2014年到2022年，已经历时八年，“湖南省邓彬初中历史名师网络工作室”（以下简称“邓彬名师工作室”）在长阳铺镇初级中学生根、发芽、成长，这是一段有话可说的历程。

一、缘起：追求初中历史教育信息化

邓彬名师工作室成立于2014年，是湖南省电化教育馆主管下的湖南省第二批57个网络名师工作室中的一分子，是邵阳市第二个省级网络名师工作室；2016年发展为省电化教育馆主管的第三批80个网络名师工作室的一分子；2022年又升级成湖南省教育厅主管的174个首届网络名师工作室的成员。从建设之初算起，邓彬名师工作室已经历时八年，我在信息化技能提升的道路上艰辛跋涉，这是一个漫长的发展历程。早在1998年，我入职长阳铺镇初级中学仅一年，便根据学校已有条件和实际教学需要，花费3个月的工资自备一台二手385型的电脑，开始钻研信息技术与初中历史课堂教学的深度融合，拓展多媒体辅助教学的新渠道。我从五笔打字起步，短短几年，把自己磨炼成了熟知各种办公软件和网页编辑代码的信息技术能手。2004年，我制作的课件获得湖南省教育信息化大赛一等奖；2008年，我获得了湖南省教育信息化大赛视频课一等奖；2016年，我接受湖南教育出版社邀请，组织团队编辑了初中信息技术《学法大视野》共4册。

工作室创建的初衷很简单，那就是追求初中历史教育信息化。21世纪最初的十年里，多媒体教学迅速发展，但网络教学资源相对贫乏，搜索和浏览那些“初中历史教学”相关的网站，几乎都是空白的。于是，我产生了一个朴素的想法，自己做一个！最初尝试的是博客和QQ空间。2008年，名为“山乡史匠”博客和QQ空间应运而生，这是邓彬名师工作室的雏形。可惜当初的网站提供的功能有限，资源只能简单地累加，不能进行分类，几乎没有自主美化与创新，高级别的装扮还得花钱购买，QQ空间还有一个局限，只有QQ好友才可以进入浏览，资源的推广受到了限制。

2012年9月，这个问题突然有了转机。湖南省电化教育馆顺应信息化时代发展的要求，在全省开展个人网络学习空间建设与应用评选活动，我建设的“山乡史匠”初中历史学习空间在全省9000名参赛教师中脱颖而出，斩获一等奖，获得全省第一名。省电化教育馆举行了隆重的颁奖仪式，邵阳县教育局业务副局长李奇生、邵阳县电教仪器站站长向晓进、长阳铺镇中学校长唐鹏程等，作为获奖教师所在单位的负责人参加了会议。当时领导们正深感邵阳县教育信息化发展的推进工作举步维艰，这个奖项顿时开阔了大家的思路，即以空间建设与应用为基础的网络名师工作室创建条件已经成熟。

此时，上海市教委于2005年启动的上海市普教系统名校长名师培养工程（简称“双名工程”），在促进学员的专业发展，以及资源建设和开发上，创设了独特的发展模式，卓有成效，为教育人才培养和学科高地建设提供了很好的经验。

2013年，湖南省电化教育馆以此为契机，结合个人空间建设的经验，尝试建设湖南省基础教育资源建设与应用名师网络工作室，第一批共17个。这批工作室虽然几经周折，但至今大部分依然天天在忙活。团队一批批，名师一代代，新秀一个个，著书一套套，活动一项项，课题一堆堆……工作室的魅力与日俱增，其影响力辐射到全省各地中小学校，不可不谓工作室之功也！

2014年年初，湖南省电化教育馆在积累了第一年的名师网络工作室建设经验后，为进一步加快推进湖南省教育信息化创新应用，促进信息技术与教育教学深度融合，制定了《湖南教育信息化“湘教云”建设规划（2014—2016年）》，决定成规模、大批量组织建设第二批“基础教育资源建设与应用网络名师工作室”。

在邵阳县教育局相关领导建议下，我决定向湖南省电化教育馆申报在“湖南省基础教育资源网”建设冠以自己姓名的“邓彬初中历史名师网络工作室”，亲自担任主持人。2014年5月3日，“湖南省邓彬初中历史名师网络工作室”正式运行。作为长阳铺镇中学的一线老师，我只是一个默默耕耘的教育工作者，一个初中历史教学的孤独者，不是一个振臂一呼，应者云集的英雄。我明白，一个人走得很快，一群人才能走得更远，名师网络工作室的建设与应用需要众多历史教师的参与。但初中历史教师是中国最苦的教师群体之一，要他们放下手中的忙碌来参加名师网络工作室建设，的确是一件难事，何况当时没有赋予他们评先晋级的具体优惠政策。就是这样，我的呼吁，得到了邵阳县电教站向晓进、王志林等领导的支持，很快，一份邵阳县初中历史教师的名单收集起来了。通过邀请，名师网络工作室的建设与应用得到了一批积极上进的老师们的支持，金称市镇芙蓉中学的陈湘民，黄荆乡中学的吴永兴，下花桥镇双江中学的徐峻峰和长阳铺镇中学的李开喜等老师陆续加入工作室建设团队，县外也有一批老师陆续加入，比如长沙市望城望一向阳中学的谭婷，益阳市安化县东坪中学的卢晓晖，永州市九中的贺立军，还有双牌县的蒋红军，洞口县的罗小春等。他们把自己开发、深加工的教育教学资源和教研成果上传到工作室平台。尤其是塘渡口镇中学的陈旭伟受邀担任工作室的辅导员，为工作室前期开发与建设付出诸多汗水和心血。

这些老师，让工作室不惮前驱，圆满完成了初期的建设任务，终于获得了湖南省电化教育馆的肯定与认可，通过了省里遴选和评审。2014年9月10日，湖南省电化教育馆隆重举行了邓彬名师工作室等57个湖南省基础教育资源建设与应用名师网络工作室的授牌仪式。同年10月21日上午，邓彬初中历史名师网络工作室在长阳铺镇初级中学举行挂牌仪式。邵阳市教育局副局长汤策程及邵阳县教育局相关人员、工作室部分成员参加了挂牌仪式。

至此，邵阳县首个省级名师工作室、邵阳市第二个省级名师工作室正式成立。来自全省14个地级市的初高中历史教师460多人加入了工作室；工作室自主研发和二次深度加工资源3800多条，其中教材重难点分析、成果分享等文字类资源500多条；名师示范课、自主研发微课、微视频300多条；工作室总访问量近10000次，文章访问数1500多次，相册访问数4000多次，资源访问数6000多次，视频访问数1200多次，讨论交流主题近20个，讨论访问数500多次，教学答疑留言数1300多次。

二、周折：遭遇平台和教材版本的变更

2016年4月，湖南省名师网络工作室进行升级，“基础教育资源建设与应用网络名师工作室”更名为“湖南省基础教育网络名师工作室”。同时，全国历史教材进行统编，从“岳麓版时代”进入“部编版时代”。根据湖南省教育厅和湖南省电化教育馆有关文件精神，共建设了80个省级名师网络工作室，“湖南省邓彬初中历史名师网络工作室”延续创办，开发和建设部编版历史的教学资源。

站在新的起点，一切又要重来，工作室成员不敢懈怠，积极开发和建设，参加了省市各部门组织的每一次基础教育教学活动，连续几年都取得优异成绩。在我的主持和带领下，工作室开展课题研究，顺利完成了一个省级课题研究的结题，成功立项了三个省级课题；参加了两次湖南省微课大赛，均获得了优秀团队奖；开发的“湖南省邓彬优质空间课堂”还获评优秀等第。

2017年11月，工作室通过终期评估，省电化教育馆再次向工作室授牌。2018年1月28日，邵阳县教育局组织了“湖南省基础教育邓彬名师工作室”的挂牌活动。

2020年疫情期间，工作室开通了“咱们的历史课”微信公众平台，吸纳同行加盟，坚持每天推送成套部编版初中历史单元复习精品课和成套精品课件，共推送相关资源300余篇，吸纳市内外同行1000余人参加与应用，取得众多创新教育成果。

正在工作室急流勇进之时，工作室所依托的平台“湖南省基础教育资源网”关闭，工作室平台整体迁移到“国家资源公共平台”湖南分平台，许多分类没有了，许多资源也找不到了，许多用户也进不来了。工作室建设和应用陷入静默期。

2021年，《教育部关于加强“三个课堂”应用的指导意见》《湖南省“互联网+教育”行动计划》相继出台，提出了“名师课堂”和“千人名师网络教研联盟”建设任务。在这个大背景下，湖南省教育厅重整旗鼓，提质改造湖南省“互联网+教育”大平台——“湖南智慧教育平台”，大力整合“政务、课堂、资源、空间”四大模块系统资源，济济一堂，大踏步地挺进湖南省教育信息化2.0的宽阔大道。

湖南省教育厅又邀请了我们这些“老一代名师工作室负责人”领航重建网络名师工作室，还有一批新的年轻的力量加入这个阵地，共有174个工作室参与了建设和应用。

2022年7月15日，2022年湖南省首批名师网络工作室邵阳市授牌仪式暨邵阳市名师网络工作室建设推进会在邵阳市教育局召开。湖南省教育厅发展规划处副处长、信息化办主任甘文波同志参加线上会议。他指出，开展名师网络工作室建设是推进湖南教育数字化转型的重要抓手，一定要建好用好名师网络工作室以助力湖南教育高质量发展。邵阳市教育局党委委员、副局长蒋兴东同志作了题为“提高认识夯实基础深入推进”的发言。湖南省电化教育馆副馆长石福新、研究室主任王子权等与会领导、专家为邓彬名师工作室等邵阳市首批15个湖南省教育厅主管的名师网络工作室进行了授牌。

在“邓彬初中历史名师网络工作室”发展历程中，困难与欣喜同在，壮大与波折并存。工作室网络平台经历了从“湖南省基础教育资源网”迁移到“国家教育资源平台湖南分平台”，再到湖南省“互联网+教育”大平台的三次变迁。服务教材经历了从岳麓版变更为人教版的变化。开设的栏目也几经变化，从少到多之后又由繁而简，最后保留了精品课堂、课件资源、名师课堂、热点专题和教学答疑等受广大初中历史教师欢迎的栏目。

八年来，邓彬名师工作室经历了长期的磨砺，走上了快速发展的良性轨道，已经成为湘西南地区初中历史教师专业素养提升的重要阵地，对湘西南地区的广大初中历史教师的专业发展产生深远而积极的影响。

三、管理：工作室管理基本情况

（一）工作室设施建设基本合格

名师工作室通过申报审核后，邵阳市、县教育局立即成立邓彬初中历史名师网络工作室办公室建设领导小组，由邵阳县电教仪器站向晓进站长担任组长，县电教仪器站主任王志林、长阳铺镇中学校长唐鹏程等担任成员，具体落实办公室的建设和配套设施的配置。邓彬名师工作室的办公室的建设，在第二批工作室运行时期已经配备了办公桌两张、文件柜一个、电脑两台、复印机一台、照相机一台、摄像机一台、文件盒一百个、凳椅两把、摄像头一个、录音话筒一个，专线宽带网络，2016年又新置了摄像机一台、手绘板一套、沙发椅一组、文件盒五十个、工作室骨干教师和青年教师花名册、工作室章程、工作计划等资料都重新上墙公布。2016年11月，邵阳县教育局召开专门会议要求各单位为邓彬名师工作室骨干教师和部门青年教师（县内）配齐办公电脑。工作室设施的建设和配置，有效保证了工作室的正常运行。工作室也得到了邵阳市教育局和邵阳市电化教育馆的支持，市级主管领导为工作室联系湖南省特级教师、武冈市一中校长刘力平老师继续担任工作室的顾问，市教育局汤策程副局长、市电化教育馆刘德华、陈昌勇两任馆长多次亲自过问工作室的建设情况，对工作室建设和应用工作做了具体指导。

（二）制定了工作室的建设方案

为了确保邓彬名师工作室的各项活动的正常开展，工作室从运行起，就制定了《邓彬名师工作室建设方案》，通过第三批名师工作室审核以来，修改并完善了建设方案。建设方案指导思想明确，方案内容具体、详细，可操作性强，有效保证了工作室各项工作的正常开展。

（三）加强了工作室的管理

为了确保邓彬名师工作室的各项活动正常开展，工作室自建立之初，即成立了工作室管理领导小组。通过第三批名师工作室审核以来，工作室完善了原制定的“邓彬名师工作室管理办法”“邓彬名师工作室管理制度”“骨干教师、青年教师基本职责”“骨干教师、青年教师评比细则、管理办法和制度”“骨干及青年教师基本职责和评比细则”等，指导思想明确，内容具体、详细，可操作性强。这些体现了首席名师、骨干教师和青年教师各自的职责，包括对成员的管理、对资源的管理和具体工作等内容，有效保证了工作室各项工作的正常开展。

（四）工作室成员情况

工作室拥有成员800多名，成员分布上体现了以邵阳市为主、覆盖全省的局面，共有350多名教师来自岳阳、常德、张家界、怀化、永州、娄底、湘潭、郴州、长沙、益阳、衡阳等地级市/自治州。工作室由中学历史正高级教师、邵阳市首届学科带头人、邵阳市骨干教师邓彬老师领衔。为了保证工作室更好地开展工作，工作室依然聘请了特级教师武冈市一中的刘力平校长担任顾问，还聘请了20名骨干教师和一批青年教师，保证了在中学历史教学资源研究和开发、教学应用和指导上能提供专家级人才。

（五）工作室访问情况

通过第三批名师工作室审核以来，工作室访问数达163500余次，文章访问数达84000余次，相册访问数达52000余次，资源访问数达151000余次，视频访问数达78000余次，讨论访问数达144800余次，留言访问数达12100余次。工作室受到了广大初中历史教师的欢迎，广受关注。

四、开发：资源建设成套可观

（一）教材配套的成套教学资源建设情况

开发或深加工“考试专题”和“中考热点”共1100余件，覆盖了2014年以来的中考复习资源。资源质量、数量均能满足初中历史中考复习教学的需要。

开发或深加工“各册课件”6册成套共2000余件、“各册备课资源”6册成套共3880余件。覆盖了初中历史共3年6册教材所有课文，体现了成套成系列开发资源的特征。课件质量数量均能满足初中历史教学的需要。

开发教材教学难重点分析共166件，同样覆盖了初中历史共3年6册教材所有课文，难点重点分析客观实在、有根有据、用语专业，是教师分析教材的优秀参考资源。

（二）微课资源的建设情况

开发并成功发布到湖南省微课网的完整微课共80余件，“各册微课”主视频共开发200余件。开发精品课30节，其中22节为七年级下册课文配套精品课。为开发成套微课和精品课，工作室组织骨干教师、青年教师培训共5次，并引领全县其他学科的微课制作和应用。

在资源建设和微课制作上，工作室成员付出了大量心血，牺牲了大量时间，制作和深加工的课件、备课资源、微课和微课主视频等，质量好、专业性强、实用性高、接地气，符合一线教学需要。

五、交流：讨论交流开展频繁

（一）线上交流频繁

工作室自成立以来，开设了“教学答疑”“讨论交流”两个专栏，为全省师生提供在线学习、交流的服务，解答师生的教学疑难。工作室教师发起的话题有深度、有价值，都是教师发起的本学科教育教学相关的话题，是教师在教学中遇到的疑惑或教学中亟待解决的问题。工作室共发起讨论话题12223件。无论是对发起话题的老师还是对参与跟帖讨论的老师，都起到了学习提高的作用。老师们跟帖讨论积极，态度认真。有效跟帖回复总条数共达52962条，有效跟帖回复的平均数量达33.28次。

工作室杜绝了在讨论交流中发鬼脸、开玩笑、不着调的现象，无论是在线讨论交流的话题，还是在线讨论交流的跟帖发言内容和工作室成员在线讨论交流跟帖的态度，都是务实的、上进的，体现正能量的、学科专业性的、教育信息化的。在线交流话题的跟帖建议、立场和观点等让人耳目一新，发挥了工作室网络教研的作用，浏览话题的吴婷老师说："一些优秀老师提出的话题以及他们的想法都是我之前没有想到过的，大开眼界啊！"

（二）线下交流不停召开

为弥补网络交流的不足，工作室想方设法开展现场交流活动，将交流和学习提升落到实处。先后组织了16次"送教下乡""送培下乡"等形式培训活动，召开过"工作室年度总结暨表彰会议""工作室初中历史中考研讨专题活动""两省级名师工作室手拉手互学互助共成长活动""骨干教师培训活动""部编教材培训会""新课标培训会"等现场活动。推荐核心成员担纲省培、国培历史工作坊坊主、辅导员，共协助5个历史工作坊开展培训活动，组织了赴怀化市的"送培交流"活动1次，承办县级历史中考研讨会2次，推荐骨干教师担纲市级历史中考研讨会主讲教师5人次。通过现场交流活动，提高了老师们对名师工作室建设和应用的认识，切实提升了老师们的专业能力。

六、示范：网络推送名师示范

工作室采取网络推送、平台授课及现场解析等方式进行教学研修活动，充分发挥"名师工作室"的名师示范、引领作用。推送示范课、观摩课以及课堂教学点评达200余节，其中，骨干教师示范课、观摩课达50节，并及时发送到工作室平台。工作室发挥了名师和骨干教师的示范、引领、指导和辐射作用。

这些示范课实录，教学思路清晰，均突出自主学习、合作探究、班级展示、课堂讨论等，环节清晰明确，教学活动设计富有创意，注重对学生学法的指导，有利于帮助学生掌握科学的学习方法，养成良好的学习习惯，逐步提高学习能力，有效地提高学习效率，特别是能够深度融合信息技术组织教学，一改传统教学方法，教学效果好。老师们听课以后，收获颇多，示范课起到了示范作用。在“邓彬名师工作室”的帮助和影响下，工作室成员积极参加省市历史教学比赛，取得了可喜可贺的成绩。其中，20位老师的优课获湖南省“省级优课”称号，15位老师的优课获教育部“部级优课”称号，5位老师荣获初中历史教学比赛省一、二等奖。

七、帮扶：指导青年教师成绩斐然

帮扶青年教师成长，建立青年教师成长档案是工作室的重要举措。青年教师成长档案袋是青年教师在工作室不断学习研究、实践反思、积累进步的个性化的鲜活的历史见证。档案袋收集教师专业学习的成就和进步的材料，真实反映教师专业成长历程，是教师师德、教育教学、教育科研、继续教育等全方位的记录和展示。工作室自授牌以来，为工作室选定了40多位青年教师，并为全体青年教师建立了纸质档案袋和电子档案。

工作室要求青年教师献课，共实录并上传了青年教师课堂实录课110节。工作室组织骨干教师对这些实录课进行评价和指导，形成统一意见，由工作室首席名师邓彬进行点评，点评的文字附在课堂实录的页面的留言上。

工作室青年教师在开发和应用资源上积极性很高，但开发和应用的技能还有待提高，遇到了许多疑难问题。因此，工作室开设了“教学答疑”专栏，还建立了QQ群和微课群，回复疑难已成为工作室骨干教师经常性的工作。

许多青年教师在工作室的帮助下取得了可喜可贺的成绩。工作室指导易文丽、蒋韶辉、孙姣等参加了省教科院组织的历史教学比赛，均获得省示范课大奖；指导贺艳琼、刘冰洁等5人参加了市级历史教学比赛；指导钟娟、贺艳琼等8人参加“一师一优课活动”获部优奖。工作室部分青年教师参与“优质空间课堂”被省教育厅评为优秀，部分青年教师参与的课题在省获一、二等奖。较多青年教师的课件、设计、论文、微课在各级各类比赛中获奖。青年教师的成长情况在他们的成长档案中有记载。

八、成效：名师孵化教育科研成绩斐然

工作室本着“带动一门学科、带出一支队伍、产生一批成果，建设一支高素质专业化教师队伍”宗旨，逐渐形成了“四课、五研、六模”的名师孵化经

验。四课即常态课、引领课、研讨课、汇报课；“五研”即说课研讨、磨课研讨、命题研讨、评价研讨、读书论坛；“六模”即专家领模、教师建模、课堂践模、全员观摩、完善改模、倡导超模。几年来，工作室在名师孵化和教育科研上取得了斐然成绩。

（一）在湖南微课大赛活动中获得突出成绩

工作室开发并参加湖南省首届微课大赛作品共76件，在湖南省首届、第二届微课大赛上都获得了“优秀团队奖”，获奖微课共18件，覆盖省一、二、三等奖，其中，我和贺立军老师获个人一等奖，邓勇通获个人二等奖。

（二）在“一师一优课，一课一名师”和湖南省集体备课大赛活动中获得好成绩

工作室按照省级文件要求，积极推动“一师一优课，一课一名师”活动。工作室先后组织了5次培训，自2015年以来，张洁、钟娟、贺艳琼等共获得“一师一优课、一课一名师”活动部优20节、省优（不包括部优）12节。工作室引领教师共组织35个团队参加湖南集体备课大赛，获得省一等奖11个，省二等奖15个，参赛事迹被刊登在贝壳网公众号上。

（三）在历史学科教学竞赛中取得好成绩

在工作室的帮助下，工作室成员在各级各类教学比赛中取得了可喜可贺的成绩。贺艳琼老师荣获国培计划中西部置换脱产影子培训活动片段教学比赛特等奖，卢晓辉荣获湖南省树德立人点评课一等奖，蒋韶辉获省说课比赛二等奖，蒋韶辉、易文丽、孙姣分别获得省教学活动示范课奖。

（四）在教育课题研究上取得了系列成绩

工作室最先开展的是省教育学会“十二五”教育科研课题“初中历史活动课教学的实践研究”（项目编号：E-38）。这项研究，获得了省教育教学成果二等奖。研究中，团队成员发现：在信息技术发展和“双减”政策的大背景下，“历史活动课教学”离不开信息技术的支撑。于是，我主持了“初中历史翻转教学中的移动学习资源建设与应用研究”，也参与了省教育信息技术一般课题“部编新教材初中历史微课资源开发及应用研究”（项目编号：HNETR18020），随后更是主持了湖南省教育科学“十三五”规划一般资助课题“名师工作室促进湘西南地区初中历史教师专业发展的实践研究”（项目编号：XJK19BJC014）。多年下来，上述四个课题都已经结题，干货多多，收获满满，获得了多个省、市教育教学成果奖。

（五）著作、论文成果

工作室组织成员潜心研究教研教法，共发表论文40余篇。王武平的《初中历史教学中史实与理论的巧妙结合》发表在《知音励志：教育版》上，刘孙贤的《中国历史易错易混知识点例析》发表在《试题与研究：高考版》上，我的《基于"课堂魔方"的初中历史教学应用研究》发表在《发明与创新·教育信息化》上。

出版著作共有3部专著和10部教辅书籍。著作主要有我编辑的由湖南教育出版社出版的初中信息技术《学法大视野》共4册，刘孙贤的由华龄出版社出版的《别开生面教历史》等。

九、特色：探究空间教学和历史活动课

邓彬初中历史名师网络工作室以首席名师邓彬的"空间教学模式"的探索和省级课题"初中历史活动课教学的实践研究"为基础，以名师工作室全体成员的智慧为依托，开展空间教学和历史活动课教育资源课堂应用专题研究和试点，开设了"辩论赛场""手抄报展""文物仿制""历史讨论""教学用图""空间教学""课题专题""历史习作"等专栏，特别是在"手抄报展"栏目中，原创了覆盖初中历史教材的思维导图60余幅，其中获得中学历史教学园地组织的"园地杯"漫画作品共5幅。该课题获教育科研课题成果省二等奖，有效帮助了广大师生的教与学。

"空间教学"是教学模式改革的方向，作为工作室首席名师，我站在时代的前沿引领工作室成员对空间教学进行了有益探索。自2015年以来，我在空间教学和信息技术提升上，现场培训教师60多场次，10000多人次，网络直播培训6场次。以扎实的专业知识、娴熟的信息化技能、先进的空间教学理念，力促教师专业化成长，有效推动当地初中历史教学工作整体提升。2016年12月，我主持的"湖南省邓彬初中历史'优质空间课堂'"通过终期验收并被评定为"优质"等第，且确定为湖南省中小学教师信息化教学"示范空间"。这些探索有效推进了初中历史学科课程与空间教学深度融合模式的探究。

十、影响：良好声誉和广泛影响力

到2022年，邓彬名师工作室在邵阳市乃至湘西南广阔地区的教师队伍中享有良好声誉和广泛影响力，得到了领导的肯定和一线老师的认可。这是对付出的努力给予的最大回报和激励。

工作室在运行过程中，邵阳县电视台、湖南红网、新浪网、网易、邵阳县政府、邵阳市教育电视台、《邵阳日报》等有较大影响力的媒体相继作了宣传报道。2016年1月7日，2015年度工作室先进个人的表彰通报被“长沙·邵阳县商会”转载。2016年11月2日，“邵阳县历史网络名师工作室骨干教师培训活动”被“邵阳”网站报道。2017年2月27日，“邵阳县两省级名师工作室：手拉手互学互助共成长”被邵阳县教育局官网报道。2021年4月20日，《邵阳日报》以“勤勉写春秋，丹心育桃李”为题，报道了我开展名师工作室的事迹。

工作室还在各级各类活动中被推介。2016年4月，我作为工作室负责人受聘参加了首都师大初中历史工作坊集中培训的说课活动。在2015年12月至2016年12月长达一年的时间里，我应邀担任了邵阳市中小学教师提升工程培训讲师和邵阳县初中综合学科提升工程培训专家，共培训26场次，邵阳市电化教育馆在培训中重点推介了湖南省邓彬名师工作室。2016年8月13日，在邵阳市信息化工作会议上，邵阳市教育局专题推介了湖南省邓彬名师工作室的经验，并下发了经验材料。

十一、跋尾：属于这个时代的教育信息化发展快车

都说教育是一种情怀，这样的情怀是对教育的一种使命感，对学生的一种责任感，对课堂的一种庄重感，需要灵魂的参与，需要精神的支撑，更需要行动的担当。湖南省邓彬初中历史名师网络工作室，将始终带着这样的情怀，八年一剑，在教育的路上风雨兼程。工作室所依托的平台，无论是内容、规模还是影响力都远非当日可比，但是她的春华秋实，都归功于初中历史学科搭乘这趟属于这个时代的教育信息化发展快车。

2022年11月5日

基于“课堂魔方”的初中历史教学应用研究

世界大学城作为一个网络学习平台，轻松实现了师生跨空间、跨时间的交互沟通，已经成为网络空间教学的重要载体。“山乡史匠工作室”个人网络空间有效利用了世界大学城的“课堂魔方”系统，收集和整合教学资源，形成高质量的课堂魔方课程，让师生就学习存在的问题进行交流、沟通和反馈，并布置、批改和评论课堂作业，寻求得到师生的答疑解惑，实现了随时随地进行真正零距离的教学。

一、目前初中历史教学的现状

一是历史教学模式落后，教学方式单一。传统历史教学模式按“组织备课—复习旧课—讲授新课—巩固新课—布置作业”逐一落实教学过程，体现的是“以教师为中心”的教学思想，忽视了学生的主体地位。其教学方式单一、呆板，在教学实践中往往形成“满堂灌”“填鸭式”“一言堂”的教学局面，课堂枯燥乏味。教师偶尔采用挂图、课本插图等材料进行直观演示，但缺乏动感，视觉、听觉效果不佳，教学任务难以圆满完成。知识与能力、过程与方法、情感态度和价值观等三维教学目标常常难以实现，学生能力和历史学科核心素养的培养无从谈起。

二是学生学习历史知识的来源有限，学习方法陈旧。初中学生学习历史知识的来源十分有限，主要是教科书和教师的课堂传授。尽管网络为学生学习历史知识提供了丰富的资源，但干扰信息很多，有用的学习资源反而不容易找到。学生的学习方法也十分陈旧、单一，死记硬背几乎成为掌握历史知识的唯一方法。

这些现状严重制约了教学目标的实现，使初中历史教学陷入了窘境。为此，在教育信息化的大背景下，网络空间教学成为初中历史教学的新选择。

二、基于世界大学城“课堂魔方”系统的初中历史空间教学的有效应用

一是课堂魔方课程的收集与整合。课堂魔方作为教师网络资源的备课系统，首先需要收集课程资源。单纯地依靠教师个人所掌握的历史知识资源满足不了课堂魔方课程的整合，因为每个人掌握并上传到世界大学城的资源是有限的。但世界大学城居民服务中心卓有成效的工作，特别是随着职教新干线、基教新干线等机构平台的推动，让入驻世界大学城的居民越来越多，上传的数据资源也越来越丰富。现在，世界大学城已经建成了门类齐全、内容丰富的资源体系。这为课堂魔方课程的收集与整合创造了条件。

课堂魔方课程资源进行初步筛选。世界大学城资源丰富，信息较多，加大了师生对有效信息资源的搜寻难度。为此，“山乡史匠工作室”利用课堂魔方的收藏功能初次筛选收集的教学资源，如教学视频、教学课件和课程讲义。这样就减少了网络空间教学的干扰因素，有利于师生高效率地组织教学。

课堂魔方课程资源进行创建和整合。“山乡史匠工作室”课堂魔方课程创建和整合的过程，就是进一步筛选收藏到课堂魔方的文字图形、影像、声音、视频图像等教学资源，并把它们和课堂魔方的先进技术有机地融合在一起，形成个性化、交互性的教学课件。这就为历史教学营造了图文并茂、生动逼真、多元化的模拟和仿真情境，其效果是任何单一方式无法比拟的。

在整合课堂魔方资源课程的过程中，“山乡史匠工作室”将更多的历史教学资源如教学课件、视频资源、试题习作、模拟测试等收藏并整合起来，便于学生课后深入学习课堂魔方课程，增强学习的趣味性，激发学习的主动性，进一步巩固已学知识，提高知识的灵活应用能力。

二是利用课堂魔方进行师生交互型的教与学。利用课堂魔方组织历史空间教学的过程不是单向的信息传递，而是一个信息互动的复合活动过程，包括教师与学生之间的信息互动交流、学生与学生之间的信息互动交流等。应用科学的互动交流体系，是实现自主学习必不可少的条件。课堂魔方系统开设了“师生交流”“答疑解惑”“课堂作业”等互动交流平台，形成了师生之间、生生

之间的互动渠道，通过这些渠道进行有效的信息反馈和互动，突破了教与学的时间和空间限制，实现了网络空间下师生交互型的教与学。正式授课前，教师可以在课堂魔方系统下的“师生交流”平台发布相关的课程资源，包括预习目标、导学案、教学内容的重点和难点等，以指导学生课前的预习。学生查看后，可以根据自己的知识水平、能力、兴趣，选择合适的时间自主预习课程，从而促进教学任务的完成。同时，学生可以随时随地访问网络空间“山乡史匠工作室”及其课堂魔方中的课程：学生可以到“师生交流”平台与教师或同学广泛交流学习心得，介绍良好的学习方法，分享获得学习的快乐；可以到“答疑解惑”平台提出自己学习上的疑惑，跟帖解答其他同学提出的问题，达到互帮互学，共同进步；也可以到“课堂作业”平台，完成教师发布的作业，跟帖点评其他同学的作业答案，思考教师对作业的批阅，及时更正错误的答案，达到巩固提高的目的。“山乡史匠工作室”还创新应用了“QQ联系”，实现教师与学生互动交流，共同探讨学习中存在的问题，商榷适合学生个人的学习方法和策略。“山乡史匠工作室”有效利用了世界大学城“课堂魔方”系统（图1）的各种互动交流平台，在教师和学生之间、学生和学生之间搭建起了促进学习的桥梁，使学生学习的主动性和自觉性大大增强。

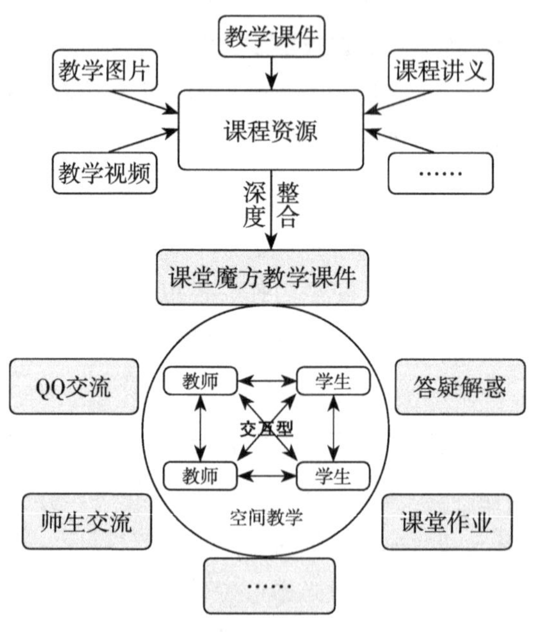

图1　“课堂魔方”系统的空间教学的有效应用图解

三是完善对学生学习的评价。传统教学模式下，教师对学生学习的评价主要通过课堂作业情况和考试成绩来呈现，强调掌握知识的多少和掌握的程度，忽视了对学习过程的评价。“山乡史匠工作室”利用课堂魔方进行空间教学，正好弥补了这一不足之处。由于利用课堂魔方进行空间教学的过程是开放的，“师生交流”“答疑解惑”“课堂作业”等互动交流平台，记载了学生与教师交互提问、跟帖讨论、作业上交及师生对作业点评等详细情况。而这一切都是学生学习和成长过程的体现，能较为系统地反映学生学习情况，让教师、同学和家长对学生的评价不再停留在学生的考试成绩上，而是全面地评价学生。

总之，随着教育信息化的深入推进，网络学习空间建设与空间教学应用深度融合必将成为教育发展的一个趋势。世界大学城“课堂魔方”系统为空间教学应用创造了良好的平台，已经成为功能强大的空间教学工具。作者利用世界大学城的“课堂魔方”系统为初中历史空间教学进行了有益尝试——创建“山乡史匠工作室”，应用课堂魔方优化整合教案、视频、音频、图片等资源，形成个性化的课堂魔方课程，并直接应用到课堂教学中。这些有益的尝试省去了备课制作课件的麻烦，也方便了师生交流和答疑解惑，既有利于学生课前预习、课后巩固，也有利于老师全面评价学生的学习。“山乡史匠工作室”利用课堂魔方进行初中历史空间教学，在形式上打破了传统教学模式的限制，做到了对全社会教育资源的有效整合；在地域上打破了校园的限制，做到校内校外师生都能积极交流，实现了较为广泛的互动；在时间上打破课堂的限制，做到了不论课堂内外，随时可以教育教学；在评价上打破只注重成绩的不足，侧重学习过程的评价，创新了空间教学模式。但是，网络空间教学的应用真正成为教育教学的好帮手，成为课堂教学的有用工具，任重而道远，值得每一位教育工作者去探索、发展和推广。

参考文献

[1] 陈前明. 历史教学如何改变单一传统的教学模式［J］. 广西教育，2007（14）：18.

[2] 张德春. 刍议基于网络环境下的历史主体性课堂教学［J］. 中国信息技术教育，2011（2）：42-43.

[3] 王淼. 信息技术在历史教学中的应用［J］. 新课程（教研版），2009

（6）：164–165.
［4］杨升平. 运用空间教学探索信息化教学模式［J］. 中国教育信息化，2012（13）：71–73.
［5］黄华. 对实践教学过程评价的探索［J］. 职业教育研究，2010（5）：52–53.

2014年3月5日

能安心休息，这感觉真好！

——2014年邓彬工作室建设总结

工作室能不能通过评审，都能够安心休息，这感觉真好！

我最多属于正走在通向“名师”道路上的无名小卒，在看到湖南省名师网络工作室组建的通知时，感觉自己离它好远！感谢市电化教育馆和县电教站的领导，是他们的电话邀请，才让我迈出向省电化教育馆递交申报材料那关键一步。

我一直没有奢望邓彬初中历史名师网络工作室能够被批准开通建设，申报材料递交一个多月，等待中几乎快把筹建工作室的事忘记了。感谢省馆的领导和专家，是他们给了我和我的团队一个更高、更好的学习、研讨的机会。

使命与责任，压力和担当，就在接到湖南省电化教育馆开通工作室建设的电话通知时飘然降临。

只有投身于工作室的建设当中，才知道难度有多大。资源、文章、成员、相册、访问、讨论、研修、答疑……这些词语整天缠绕着大脑。为了完成任务，我QQ求同仁，电话求同学，当面求同事，调侃自己因“三求”而成名师。感谢县教育局、县电教站和各中心学校的领导们，是他们层层召开专项会议，布置工作室的建设工作，使工作室一路慢慢走了过来。

工作室的建设慢慢好起来了。

内容越来越丰富了，人丁越来越兴旺了，版面越来越漂亮了，功能也越来越强大了……感谢三个多月来工作室全体成员的支持和努力，感谢一批志同道合的朋友，大家或与我一起战斗在工作室，或给予工作室默默的支持和宣传，是大家让工作室有了前进的动力和能量。

感谢湖南省特级教师李美华老师，在百忙之中坚持到工作室来点赞。感谢邵阳县教育局夏远红老师，为工作室宣传提供了宽广平台。感谢邵阳县十一中肖建刚老师，边学电脑技术边做资源建设，用热情打动了我们团队的朋友。感谢永州市双牌县的蒋红军老师，在海选评审即将到来之际上传了质量上乘的课件、试卷等资源。他上传的不仅仅是资源，更是信心，鼓舞了我们的士气。

特别感谢邵阳县塘渡口中学的陈旭伟老师，生拉硬扯地没把他拽进了工作室，我们几乎全部浸泡在工作室里，庆幸熬了过来，没有被淹没。他是能干的老师，上传了一大把开发的资源；他是聪明的老师，微课制作一学就会了。因为有他，一路走来，我才远离了寂寞。

现在，我们的工作暂告一个段落，尽管工作室离预期目标还有一段差距，也可能不完全符合湖南省电化教育馆的要求，但我们已经努力，无怨无悔！

朋友们，就让我们静待花开有声吧！

2014年9月10日

“初中历史活动课教学实践研究”研究案例

历史活动课教学实践探究旨在探索新的教学途径，改进教学方法和教学手段，组织丰富多彩的教学实践活动，为学生营造一个兴趣盎然的良好环境，激发学生学习历史的兴趣。自2011年起，课题组采用适当的方法，注重理论与实践相结合，从而提高了研究工作的效率。通过研究，产生了大量成果，主要有：激发了学生学习历史的兴趣，丰富了学生的历史知识，培养了学生创造性的学习能力，全面提高了学校历史教学质量；课题组成员通过实践探究提高了教育教学能力，教学水平大幅度提高，湖南省邓彬初中历史名师网络工作室于2014年正式挂牌，成为邵阳市第二个名师工作室。

一、问题提出

1992年，《九年义务教育全日制小学活动课程计划（试行）》的颁布，标志着“活动课程”第一次以“国家课程”的身份出现在课程计划中，它与“学科课程”一起，成为新课程结构中的两个重要组成部分，揭开了我国活动课程研究的新篇章。随后，《义务教育历史课程标准》也相应在历史教科书中设置了与历史必修内容并列的教学内容——历史活动课。历史课程结构上的这一重大突破，说明探究活动课在历史学习中的重要作用已经被高度重视。

邵阳地区受应试教育的惯性影响，历史活动课处境尴尬。2010年，长阳铺镇中学历史教研组通过问卷调查的方式，从历史活动课的开展现状、教师的教学方式和学生的学习方式以及对历史学习的兴趣等几个方面，对全校三个年级的历史教学情况进行了全面调查。结果发现，全校所有年级的历史活动课几乎没有开展。究其原因：一方面，在思想上普遍存在“考试中活动课内容不考，不必花费时间和精力”的错误认识，另一方面，在操作中苦于历史活动课的资料准备较困难，老师们懒得投入更多精力组织探究活动课教学，对活动课教学做了淡化处理，使得历史活动课形同虚设。教学手段和方法单一，不能充分调动学生学习历史的兴趣和积极性。

为唤醒本校广大师生对历史活动课的重新认识和重视，提高历史活动课的质量，学校必须针对存在的问题进行改革，彻底改变教师的思想观念和教学模式，将枯燥乏味的课堂变为可视、可玩、可唱的学生乐园，寓教于乐，以学生为主，充分调动学生学习的主动性和积极性，尽可能培养中学生的学习能力、实践能力、研究能力和创新精神，完成教学目标。同时也推动历史教师突破自身的素质局限和角色定位，更加系统地提高历史教师的理论及实践水平和教育科研能力。

二、课题的理论意义和实践意义

（一）学生的主体性得到前所未有的体现

在活动教学中，学生自始至终是自觉主动的行为者，而不是教师的追随者。首先，学生有权对自己的活动做自我选择，如面对问题自己选择观点，自己查阅史料，自己动手实践，自己编写材料等，充分体现学生的自主性，学生可自由自在地进行各种各样的探究、操作、体验等活动。其次，由于有自主权，学生就会表现出一种积极、主动的学习态度，他们主动展开思维，进行理解、分析、整理、综合对比、合理评判等，充分体现学生的主观能动性。

（二）有利于丰富学生的历史知识及促进学生对知识的深刻理解

活动课的开展使学生们得以广泛查阅资料，搜集课外知识或进行实地考察等，这将使学生们对历史知识的获取大大超越书本的范围，拓宽他们的视野。而且由于开展活动课，学生参与得多，对知识的认识经历了一个从感性认识到理性认识的过程，从而会主动建构自己的知识结构，实现对知识认识的深化和发展，以及实际有效的运用，而不是靠机械背诵和表面理解来掌握知识。

（三）有助于培养学生良好的学习方法，培养学生的研讨、创新意识

活动课的开展可帮助学生形成良好的学习方法，而且在活动课开展过程中，拓宽视野的资料查阅与分析、资料的对比分类研究、对前人定论的认同或质疑、对历史遗迹的寻访与审视等都有利于培养学生的研讨、创新意识。

（四）有助于学生个体的全面发展

活动课的开展能有效地促使学生动手动脑，在亲身探索、实践中获得知识，有利于学生思维能力的培养和智力的开发，也有助于学生个体的全面发展。

（五）活动课的设置促使师生创造性地整合历史课程资源，有利于学生信息素养的生成

组织活动课教学，对教师也是一个挑战，历史教师只有不断充实自己的知识，才能在新课程改革中游刃有余。活动课教学的实践必将促进教师水平的提高和教师角色的转变。

三、课题研究的现状分析、理论依据

（一）课题研究的现状分析

历史活动课在相当长一段时间里被称为第二课堂，被看作常规课堂教学的延伸和必要补充。因此，对于活动课的研究明显少于课堂教学的研究。教育部新近颁布的《义务教育历史课程标准》，将活动课看成跟课堂教学并列的基本课程。在众多的研究文章中，活动课程在实施素质教育、健全学生人格方面的作用得到肯定。河海大学出版社《史学研究与历史教育》一书对上述观点都有叙述。相对而言，对于初中历史活动课程的具体的实施和开发各种专业刊物上尚未出现。

（二）课题研究的理论依据

1. 教育与生活理论

哲学家杜威提出“教育即生活”，教育家陶行知提倡“生活即教育”，江泽民同志曾经说过：“不能整天把青少年禁锢在书本上和屋子里，要让他们参加一些社会实践，打开他们的视野，增长他们的社会经验。”新课改精神与这些伟人的思想不谋而合，也与“寓教于乐，学生自主”的历史活动课目标一致，是我校开展历史活动课的理论基础。

2. 建构主义学习理论

近年来兴起的建构主义学习理论强调以学习者为中心，认为知识是个体主动建构的，无法通过教师的讲解直接传输给学生。因此，提倡以学生为主体，以教师为主导的学习，建构主义学习理论为初中历史活动课教学实践探究明确了教师与学生的角色定位，和充分发挥学生自主作用的教学途径。

3. 合作性、体验性教育理念

2001年公布的《国务院关于基础教育改革与发展的决定》和教育部制定的《基础教育课程改革纲要》，推动了全国基础教育新一轮课程改革。它要求转变学生的学习方式，改变课程实施过于强调接受学习、死记硬背、机械训练的现状，倡导学生主动参与、乐于探究、勤于动手，培养学生搜集和处理信息的能力、获取新知识的能力、分析和解决问题的能力以及交流与合作的能力。这里提出了要转变学生学习方式的问题。

四、课题研究的目标、内容和方法

（一）研究目标

（1）科学界定“中学历史活动课”的内涵和外延。

（2）让学生既能在历史活动课中感受到无穷的乐趣，又能轻松地学好历史知识，学会更多的历史学习方法，形成正确的历史观。

（3）形成一种“教师乐教，学生乐学”的良好教学氛围，从而促进长阳铺镇中学历史教育教学质量的全面提高。

（4）更加系统地提高历史教师的教育理论水平，提高历史教师自身的教育科研能力。

（二）研究内容

（1）调查长阳铺镇中学历史活动课教学现状，探究其存在的问题，分析问题存在的原因，形成调查报告。

（2）进行基于课程标准的教学的理论学习，明确活动目标，制订活动计划。

（3）开展形式多样的历史活动课课堂实践，指导学生有计划、有步骤地参与活动，分工，合作，收集、整理资料，总结并开展阶段性成果展示，让学生体验历史学习的乐趣。

（4）改变传统的历史活动课教学方式，以历史课为平台，对初中历史活动课教学实践探究的成果进行评价与推广。

（三）研究方法

主要运用的研究方法有：调查研究法、行动研究法、经验交流法、观察叙说法、情境表演法、竞赛闯关法。

五、课题研究的步骤

本课题研究时间为3年半（2011年5月—2014年12月）。

（一）准备阶段（2011年5—12月）

（1）课题准备：①选定研究方向和课题。根据我校历史活动课教学的现状，确定研究课题为“初中历史活动课教学实践探究”。②通过图书馆资料和网上查阅，了解外地历史活动课教学情况。③召开“初中历史活动课教学实践探究”讨论会。④向湖南省教育学会申报立项。⑤撰写研究方案、实施计划，准备开题报告，组织开题论证会。

（2）调查研究：对我校历史活动课教学现状和教学方式开展问卷调查，撰写我校历史活动课教学现状调查报告。

（3）主研教师与参研教师课题研究培训。

（4）针对我校历史活动课教学现状存在的问题，确定不同年级学生的活动项目，并制定具体办法。

（二）实施阶段（2012年1月—2013年12月）

（1）对上阶段历史活动课教学实践探究方案进行整合和理论提升。

（2）实施教学方案，确定各年级历史活动课教学实践探究目标。低年级学生注重实际操作，注重对情境表演方面的活动探索。高年级学生注重对资料的搜集、整理和理论的形成。

（3）各参研教师不断改进研究方案，总结教研成果。

（4）对参研学生的手工作品、作业及调查报告进行收集、整理和评价。

（三）推广阶段（2014年2—8月）

（1）对历史活动课教学实践探究的成果和理论进行分析整理和反思提升。

（2）将初中历史活动课教学实践探索的理论成果推广到所有历史课的教学中。

（3）以历史课的教学为平台，对历史活动课教学实践探究的理论成果进行评价。

（四）总结阶段（2014年9　12月）

（1）对课题研究的所有成果进行收集、整理、验收，并作出评价。

（2）撰写课题结题报告。

（3）召开课题研究成果会议。

（4）编辑课题研究资料集。

六、课题研究的主要过程

本课题组在学校教导室的直接领导下，根据预先制订的研究计划，认真开展各项工作，主要完成了以下研究内容：

（1）在七年级举办了“历史文物仿制”和“编辑历史手抄报”等活动。每次活动都有5个班级近200名学生参与。在班级比赛的基础上，各班选出5—8名优胜者参加年级组评比。活动中，我们聘请了教导主任、所有历史老师担任评委，对优胜者予以奖励，并且请评委老师进行点评，活动深受广大学生欢迎。

（2）在八年级举办了以评价秦始皇、汉武帝为主题的撰写“历史人物小传”活动，要求人人参与。教师指定主题，指导学生撰写“评价历史人物小传”的方法，让学生利用网络、图书馆等多种渠道，自己动手搜集资料，或者请教老师，在规定时间内完成作品。然后，课题组成员对搜集上来的手抄报进行逐一筛选，从中挑选出50多份作品评奖，并在学校大橱窗展出。该活动既加深了学生对秦始皇、汉武帝的了解和认识，培养了学生搜集和整理历史资料的能力，又提高了学生的写作水平。八年级还开展了“观看历史影视片”活动，教师组织学生一起观看了历史影片《血战台儿庄》，指导学生写出观后感，分班进行选拔评比，然后每班选送5—8篇优秀习作参与年级评比，对优胜同学进行表扬奖励，对优秀作品进行展示、欣赏。该活动使学生形象地感受历史，丰富学生的历史知识，拓展学生的历史思维，提高学生对影视作品的欣赏能力，陶冶学生的情操，同时通过写观后感也提高了学生的分析和写作能力。

（3）九年级举办了以“人类能否有效避免世界大战的爆发”为主题的辩论会，这项活动从计划到具体落实，课题组成员进行了长时间的酝酿和准备，先在各班分组进行辩论，获胜方参加年级组的复赛，最后两个优胜班级进行决赛，并现场摄像。由学校领导、教研组长及部分历史老师担任评委，并进行了现场点评，整个活动组织严密、配合默契、进展顺利，取得了明显的成效，极大地提高了学生学习历史的兴趣，为课题组的研究积累了丰富的第一手资料。

七、课题研究成果

（一）课题研究的理论方面

1. 撰写了一批质量较高有实用价值的论文

（1）在刊物上发表的论文：《初中课堂纪律现状及原因探析——以湖南省邵阳县长阳铺镇中学八年级为例》发表于2011年《当代教育论坛》第1期。2013年4月24日，《“‘疠’为何病”的探究与反思》在《科教新报》上发表。《长阳铺镇中学毕业生学习、生活调查实录》发表于2013年6月18日《邵阳城市报》。2014年6月，《基于“课堂魔方”的初中历史教学应用研究》在《教育信息化》总第520期上全文发表。

（2）主要获奖论文：2011年，在邵阳市初中毕业学业评价研讨会上，《九年级学生毕业前在想什么？做什么？》获一等奖，《巧辟途径，让历史课堂活起来》获二等奖；2012年，《初中历史活动课教学方式研究》《让历史活动课成为推进历史教学的催化剂——“历史文物仿制活动课”教学反思》荣获市二等奖，《一堂关于宋辽战和的辩论课》《历史教学几点尝试》获三等奖。2013年，《观看历史影视片述评》《农村初中历史课堂教学质量的提高策略》获市一等奖，《活动课，历史课堂的一朵奇葩》《论义和团运动的性质》获二等奖。

2. 对初中历史活动课的内涵和外延有了更科学的界定

（1）初中历史教学活动课——与常规课堂教学不同的历史学科活动课。集中大量的实践活动，提供相对自主的探究空间，让学生体验历史知识的迁移、运用，从而培养学生的能力。

（2）初中历史教学活动课程——中学历史教学中区别于常规课堂教学的活动课程和具体进程安排。

（3）初中历史教学活动课程的实施和开发——其内涵为：在初中阶段，实施国家课程标准规定的历史活动课程并适度开发校本课程，以及对历史活动课的地位和作用的正确认识和对活动课程的合理安排。

（4）初中历史活动课的教学目的不仅仅是让学生知道更多的历史知识，并有利于会考，更是通过历史活动课的开展培养学生创造性学习能力，历史思维能力，发现问题、分析和解决问题的能力，以及与他人合作和参与社会实践活动的能力，从而使学生形成正确的历史意识，为学生树立正确的价值观和人生观打下良好的基础，这才是初中历史活动课的本质所在。

3. 对初中历史活动课的教学有了新的认识

首先，以历史教材为依托，认真组织教材中的活动课。我们所使用的岳麓版的历史教材，每一册书都设计了活动课，无论是七年级，还是八九年级，选题都很精巧，内容丰富，如仿制历史文物、历史知识抢答赛等等。同时教材还附有活动内容、活动目标、活动要求、活动提示以及参考资料。这些活动课类型丰富，有竞赛式、辩论式、历史学法等方面的内容，并与学生学习的内容基本是同步的。因此在教学中，教师一定要认真组织好这些活动课，充分调动学生学习的积极性，发挥他们的主体作用。

其次，以学生感兴趣的内容为主题。新课程倡导以人为本，以学生的发展为本。因此，教师在选择活动主题的时候，一定不要忽视学生这一主体，不要凭自己的好恶选择内容，只要是学生感兴趣的、与社会生活联系紧密的，都可以作为活动课的内容。比如对于八年级下册观看历史影视片写作观后感的活动，教师可让学生根据自己的兴趣选择影视片，但也要提出要求：在观看影视片之前，必须了解该影视片创作的历史背景，然后认真观看，写出高质量的观后感。

最后，充分开发和利用校本课程资源。新课程要求教师应该是课程的建设者和开发者，新课程越来越需要教师具有开发本土化、乡土化、校本化课程的能力，因此教师一定要充分开发本地区的课程资源，引导学生走进家乡、走进社会。例如，八年级上册“抗日战争时期历史遗址考察活动”，邵阳县是抗日战争时期重要抗战区域，著名历史学家吕振羽就曾经在邵阳县创办了塘田战时讲习所，课题组组织学生考察遗址，开展活动课，让学生体会家乡的历史文化底蕴，为自己的家乡感到骄傲和自豪。

（二）课题研究的实践方面

（1）本次课题的活动实践，通过丰富多彩的教学活动，让学生作为主体积极参与教学过程，得到生动、鲜活的体验，在情感态度、价值观、能力、技能知识等方面得到发展。我校历史学科教学质量大幅度提高。其中，我校毕业学业考试历史学科取得了优异成绩：2013年位居邵阳县第一，2014年位居邵阳县第二；肄业班历史学业水平考试均居全镇第一。

（2）参研教师通过课题研究使自己的专业素质和教学水平得到较大提高。李开喜、蒋韶辉、钟娟、马振兴、罗向荣等一批教师在课题组的指导下，成长迅速，分别获得了国家级、省市级奖项。其中，课题组成员李青华老师也因教育教学成绩突出被评为2013年邵阳县教学能手。

（3）通过开展有意义的活动课推进了素质教育，培养了学生创新、想象、鉴赏、综合分析等能力。

首先，历史活动课把课堂和学科教学创新地结合起来，是课堂知识的延伸。提倡学生多实践、探究性学习，既是教学改革的重点，也应是实施素质教育的热点。例如，“历史文物仿制”和“编辑历史手抄报”活动正是培养学生创造力、想象力的重要举措。历史文物的仿制，强调历史的真实性和艺术性，敢于合理想象。有的学生为了编辑历史手抄报，查阅了大量的资料，对历史有了较深的了解，这样就使学生把远离时空的书面知识，通过实践活动理解得更深透。这些卓有成效的创造性活动，培养了学生的创新动手能力和想象能力，增强了学生的审美情趣和观察鉴赏能力，激发了学生学习历史的兴趣。

其次，历史活动课使学生的知识、技能在实践活动中得到全面提高。在评价历史人物的活动中，学生通过查阅资料、整理、撰写，创作了许多优秀作品。在观看历史影视片活动中，学生选择影视片，了解影视片的背景材料，认真观看，观后写出了很多有见地的观后感。尽管有些作品主题不鲜明，内容有些空泛，甚至多少显得有些稚嫩，但我们从中不难发现，通过这些活动扩大了学生的知识领域，丰富了学生的历史知识，培养了学生的综合分析能力和写作表达能力。

最后，历史活动课加强了学生之间团结协作精神。例如，举行辩论会需要同学们通力协作才能成功，因此教师要广泛发动学生。学生中写作水平高的学生就负责辩论稿的撰写，口才表达能力强的学生就选为辩手，综合素质好的学生做主持人……各扬所长、相互配合的历史活动课加强了学生的集体协作精神和集体荣誉感。

八、课题研究存在的主要问题

（1）我校初中年级班额普遍较大，平均人数接近70人。大班额的存在，对活动课的开展来说，具有一定的困难。任课教师为了组织一次活动，需要较长时间的准备，活动的周期太长，承担实验课的教师负担过重。

（2）学生对历史学科存在片面认识，认为历史是副课，中考不设为必考科目，高中只有文科生才重视，所以，学生对历史课的重视程度不够，对于教师布置的任务或指定的课题往往采取应付的态度，敷衍了事，这加大了教研课题的难度。

（3）大多课题组教师没有做过课题研究，缺乏经验，但敬业精神强，工作积极性高，投身教研教改的热情高，只是缺乏必要的培训和指导。希望上级科研部门能定期组织一些研讨培训，以提高课题组教师的专业素质。

（4）研究经费短缺。对课题进展过程性的记录往往因为资金的短缺而留下缺憾。

2016年3月

农村初中学校教育教学研究情况调研报告

——以邵阳县长阳铺镇中学为例

教学方式和手段的突变，校本研修工作的推进，对教科研基础比较薄弱的农村初中学校冲击很大。许多学校提出了“向教科研要质量”“向校本研修要方法”的响亮口号，但收效甚微。邵阳县长阳铺镇中学作为一所远离县城近离市区的农村学校，近年来，长阳铺镇中学教育教学质量稳步提升，始终居全县前茅，这与学校长期持续有效推动教研工作分不开。该校教科研氛围较浓，成绩较突出，已经形成了自身的教科研特色，但也存在影响教科研发展的瓶颈。2019年，我深入邵阳县长阳铺镇中学，通过走访、座谈、问卷等多种方式，形成了本“农村初中学校教育教学研究情况调研报告”。

一、基本情况

（一）教学班级数、学生数

长阳铺镇中学现有教学班28个，学生1320人，其中七年级457人，八年级445人，九年级418人。学校班级和学生人数是农村学校中较多的，在邵阳县47所初中学校中列第5位，在邵阳县40所农村初中学校中列第2位。（表1）

表1　长阳铺镇中学现有教学班和学生人数

教学班级数（个）	学生人数（合计：1320人）		
28	七年级	八年级	九年级
	457	445	418

（二）教师结构情况

在职教师共92人，其中：

（1）在教师职称构成上，高级教师10人，一级教师50人，二级教师32人。（图1）

（2）在教师年龄结构上，50—59岁教师23人，40—49岁教师47人，30—39岁教师22人，无30岁以下教师。（图2）

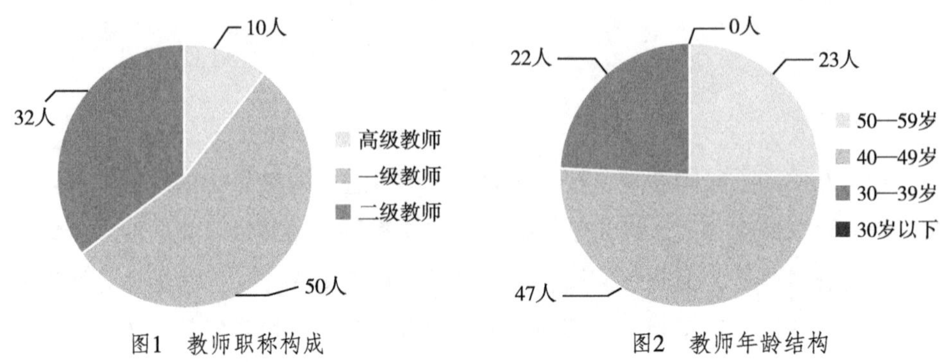

图1　教师职称构成　　图2　教师年龄结构

（3）在教师学科构成上，语文专职教师21人，数学专职教师18人，英语专职教师19人，物理专职教师9人，化学专职教师5人，历史专职教师2人，政治专职教师2人，地理专职教师2人，生物专职教师0人，体育专职教师6人，信息技术专职教师1人，美术专职教师2人，音乐专职教师2人。（图3）

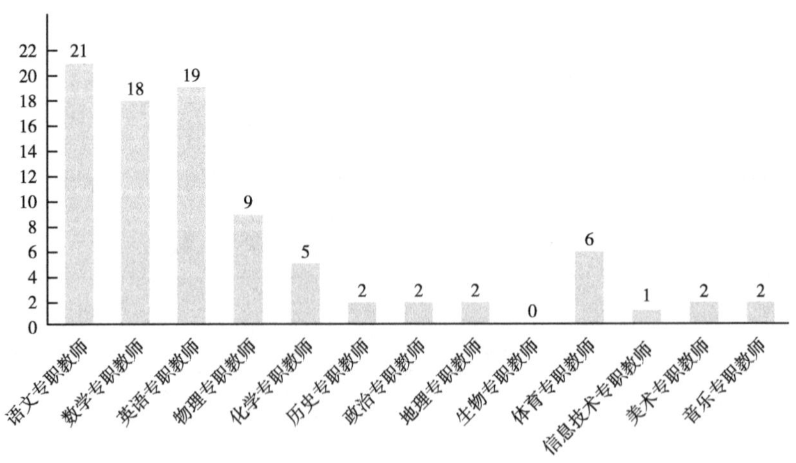

图3　学科教师构成

（4）在骨干教师人数上，现有邵阳市学科带头人1人，邵阳市骨干教师3人，邵阳县骨干教师8人，县优秀教研工作者3人，县教学教研能手2人。2014年创建了湖南省初中历史邓彬名师工作室，吸纳和培育了一批历史教学骨干力量。（图4）

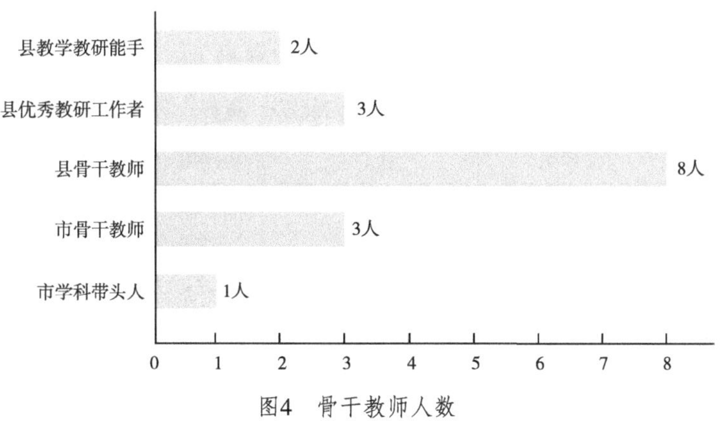

图4　骨干教师人数

（5）在教师学历结构上，本科学历62人，专科学历30人，所有教师学历合格。

可以说学校既有德才兼备、以身作则的骨干做排头兵，也有开拓创新、勇挑重担的骨干做支柱，还有虚心求教、勇于实践的青年做后盾。学校中高级教师比例合理，教师学历合格，尽管教师整体年龄偏大，政治、历史、地理和生物教师中，专业基本上不能对口，但在工作分配上，学校做到能专职的就专职，非专职需要跨学科兼职的，尽量长期兼职某一个学科。且工作中教师互敬互助、互帮互学，工作热情高、师德品质好，共同营造了一个民主和谐的教研氛围。

（三）教研机构情况

健全教研机构是先导性工作，应紧紧围绕“教研服务教学”，从三个层面加强对教研机构的设置和管理。

（1）在学校层面上，成立了由校长牵头、其他行政领导协助的教研工作领导小组。校长领导下的学校行政全权负责在人力、物力和政策上调控和支持教研活动。

（2）在主管处室层面上，成立以教学副校长、教导主任、教研组长为成员的教学研究小组。由教导室负责学校教研活动整体规划与具体管理，协调教育、教学和教研工作的关系，明确教研方向，组织教师开展教科研研究。

（3）在教师层面上，成立以“学科能手”担任组长、科任教师为成员的教研组，先后成立了语文、数学、英语、理化生、政史地、音体美信共6个教研组。做到大学科成立专门的教研组，小学科成立学科相近的联合教研组。此外，还创建了湖南省初中历史邓彬名师工作室。

表2　学校教研机构一览表

<table>
<tr><th colspan="2">层面</th><th>部门</th><th>专门办公室的设置</th><th>负责人</th><th>负责人年龄</th><th>备注</th></tr>
<tr><td colspan="2">学校层面</td><td>校长室</td><td>1个</td><td>胡国雄</td><td>48</td><td></td></tr>
<tr><td colspan="2">主管处室层面</td><td>教导室</td><td>1个</td><td>邓　彬
陈诗光</td><td>45</td><td></td></tr>
<tr><td rowspan="7">教师层面</td><td>1</td><td>语文教研组</td><td>3个</td><td>刘芳金</td><td>46</td><td></td></tr>
<tr><td>2</td><td>数学教研组</td><td>2个</td><td>罗青龙</td><td>58</td><td></td></tr>
<tr><td>3</td><td>英语教研组</td><td>2个</td><td>刘小兵</td><td>41</td><td></td></tr>
<tr><td>4</td><td>理化生教研组</td><td>物理、化学各1个</td><td>罗海涛</td><td>52</td><td></td></tr>
<tr><td>5</td><td>政史地教研组</td><td>地理、历史各1个</td><td>李开喜</td><td>53</td><td></td></tr>
<tr><td>6</td><td>音体美信教研组</td><td>1个</td><td>钟　狄</td><td>45</td><td></td></tr>
<tr><td>7</td><td>邓彬名师工作室</td><td>1个</td><td>邓　彬</td><td>45</td><td></td></tr>
</table>

在办公室的设置上，设立以学科相同或相近的教师办公室，其中，语文教师办公室3个，数学教师办公室2个，英语教师办公室2个，物理教师办公室1个，化学教师办公室1个，地理教师办公室1个，历史教师办公室1个，另设有专门的湖南省初中历史邓彬名师网络工作室办公室1个。

教研组职能是负责具体落实学科教学研究，促进教师实现专业化成长，具体由各教研组长根据组内教师和学生情况，规划实施以本学科中遇到的问题为中心的各类教研活动。但教研组长年龄结构总体偏大，其中数学教研组长已近退休年龄，政史地教研组长的年龄已逾52岁。近两年来，个别教研组工作推动缺乏劲头，创新开拓上存有不足，教研活动疲于应付的现象时有发生。

（四）教研保障情况

重视教研活动是长阳铺镇中学的优良传统，学校制定了《教研制度》，优先保证推进课堂教学改革试验所需的经费，并承诺公用经费的5%用于推进课堂教学改革的工作。近几年学校的教研保障情况如下：

（1）在人力保障上，学校十分重视教研组长的队伍建设。例如，罗青龙老师在数学教师中威望很高，刘小兵老师为人低调、工作扎实，李开喜老师在历史学科研究上能力很强，钟狄老师在体育教研活动中表现出了较强的组织和协调能力。他们在工作中率先垂范、无私奉献，是学校教研改革的前锋。在他们的带动下，他们所在的教研组形成了敢于拼搏、创新进取、富有凝聚力的工作作风。

（2）在物力保障上，学校多年来坚持为各教研组征订学科专业刊物和教学用书。近两年里，为了完善教师的办公设施，学校拨出了专项资金，安排了学科教师办公室，并完善了办公室的建设，为全体教师新配置了办公桌、电脑，置办新的讲台，开通了校园网络。学校支持工作室开展正常的工作，保证工作室正常运行，邓彬名师工作室按专款专用原则开支。

（3）在财力保障上，学校近两年跟不上来。因学校各项工作开销增大，近两年来，教研活动所需要的物资投入、资料配置、奖金绩效、教科研经费落实较为艰难，这严重地制约了教研活动的开展。自主外派教师培训、聘请校外专家指导、探索开发和应用教育云资源等被迫中止，课题研究经费也主要依靠课题组自己解决。据初步统计，2019年学校教研活动经费开支不足2万，占学校公用经费不足1%。

二、教研工作典型经验

（一）精心选拔教研组长，合理组建学科教研组

有一个好的教研组长，就会有一个好的教研组。教研组长作用发挥的好坏直接关系到学校教研质量的优劣，也密切关联着学校教学质量的高低。学校十分重视教研组长的选聘工作，切实选拔出了思想境界高、教学能力强、科研干劲大，有群众威望、有组织和协调能力的教师担任教研组长。例如，罗青龙、罗海涛老师都曾带领学校同学科老师参与过省级课题研究，并获得省级成果奖；李开喜、刘小兵老师分别主持过本学科的省县级课题研究，是实实在在的研究型教研组长，他们的课题成果分别获得省二等奖、县一等奖。钟狄老师干劲大、创新能力强，是位精力充沛、能开拓进取的教研组长，成功立项了省级农村中学生足球学校建设项目。

学校也十分重视合理组建学科教研组。20世纪90年代，学校规模较小，只有40多位教师，仅语文、数学、英语3个大学科组建了教研组，其他学科教师的教研活动只能依靠教导室组织。学校规模扩大后，学校及时增设了理化生、政史地和音体美信3个联合教研组，做到了教研组学科全覆盖。

（二）开展多种传统教研活动，丰富校园文化生活

活动是教研组的存在形式，教育教学实践活动是引领教研组各成员专业成长的有效载体。它的开展，能促进教研组成员教育理论素养的成长。近二十年来，各教研组在经常性开展的教研活动中，逐渐形成了多种传统教研活动，有效促进了教师的专业发展。这些教研活动中，最为耀眼的有：新进教师的见面课听评课活动，学生学科竞赛的命题评比活动，语文组的学生作文竞赛活动、教师下水作文活动和校本教材《杨柳风》编辑活动，数学组的解题竞赛活动，政史地组的手抄报活动、历史文物仿制活动和历史漫画评比活动，理化生组的应用知识竞赛活动和实验教学评比活动，音体美信组的书法比赛、球类比赛、才艺竞赛等。这些传统教研活动的开展，激发了教师的竞争意识，培养了教师的应变能力和课堂教学能力，不断发展与提高教师的专业水平，也丰富了校园文化生活，增强了学生综合素养，促进了学校的教学质量的发展。

（三）积极创新教研方式，提升教研活动吸引力

积极创新教研方式，是为了提高教研活动的吸引力和实效性。学校的主要做法是“团队带教”。由于教师之间的教学水平存在差异，所以优秀教学经验、优秀教学资源必须共享，并通过对教学中遇到的实际问题集中攻坚，普遍提高教学质量。为此，我们采用了“团队带教”式的教研活动模式，具体有三种做法。

1. 同年级班主任集中办公

每个年级必须配备2—3名经验足、能力强的班主任，他们会做到在处理班级事务过程中，将学校传统的班主任工作经验和做法，通过潜移默化、手拉手帮助方式，传递给新班主任。

2. 捆绑式评价同年级同学科的教学质量

对一个年级中取得优异成绩的某一个学科，对所有同学科的教师采取同样的奖励措施和奖励标准。这样做的益处很多，同学科的教师在关注自己的教学过程和效果的同时，也会主动关注同学科搭档的教学全过程和效果；会更加主动重视自己的同学科教师团队的备课、上课、评课、反思等教学环节；会主动承担集体备课、集体研课、集体磨课等各项教研活动；还能促使同年级同学科教师共同开发教学资源，并做到资源共享、共同研究教学疑难、共同应对教学问题，促使同学科教师团队中骨干教师主动帮扶普通教师，从而促进普通教师的专业成长。

3. 聊教教研模式

伴随微信兴起和学校学科办公室建设的推动，学校的“聊教文化”悄然兴起，为教研活动注入了生机与活力。以往的教学之余，教师在微信群里、办公室和学校操场，谈论的是家长里短、油盐酱醋。现在，课余走进办公室、进入微信群，大家谈论的是如何上好一节课，怎样去指导学困生，如何评价、指导学生的作文，怎样处理学生个案，等等。就连节假日，教师还用微信群交流教学体会、转发教育案例。“聊教文化”已融入教师的整个日常工作，融入了教师的生活，成了教研组独特的文化风景。对于“课间聊教教研模式”，老师们认为是最贴近教师且短、平、快地解决教师实际教学问题的教研模式。这种集体研讨，能体现集体的感召，带动个人的行为，影响个体的转变，促进集体的升华，这也是一种“团队带教”的效应。

（四）扎实开展课题研究，提升教师教研能力

作为农村中学，学校的课题研究开展得比较好。如语文组研究的省级一般课题“少教多学促进语文教学”获得了市教育教学成果奖一等奖，政教室、教导室率班主任开展的市级课题“文明仪礼养成教育研究”获得了市教育教学成果奖二等奖，政史地组研究的省级课题“历史活动课教学研究”获得了省教育教学成果奖二等奖、“移动资源开发与应用研究”获市二等奖，英语组的“英语泛读教学研究”获得了市教育教学成果奖三等奖，数学组参与的省级课题“阅读教学研究”获得了市教育教学成果奖一等奖，邓彬名师工作室的省一般资助课题和物理教师的县级课外实验课题，已经通过立项和开题正在研究之中。课题研究的开展，促进了学校浓厚的教研氛围，有效促进了广大教师参与教学研究工作，扎实提升了教师的专业素养和能力。

（五）开发校本课程，形成学科教研阵地

面对课程改革的新形势，学校没有等待，积极探索，努力实践，结合学校实际开发出了适合自己学校的校本课程。比如根据学生阅读量少、学校教育教学资源不足、教师知识越来越单一、学生综合素质培养措施简单等情况，学校开设了“编辑校刊《杨柳风》、男女学生足球、文艺排编、书法绘画”等校本课程。其中，《杨柳风》共出刊29期，其中电子期刊2期，在社会上产生了广泛影响。这些课程的开发，既历练了一批优秀的教师队伍，也为学生提供了丰富的课程资源，为学科教研的实施提供了阵地保障。

三、教研工作中的突出问题

（一）教研活动的经费投入不够

学校没有专项教研经费，对教研活动的重视停留在表面，对教研活动舍不得实际投入经费，基本上不能提供外派教研和校际教研交流活动，基本上不能落实教研活动的奖励。另外，财政困难也制约了教研活动经费的切实支付。

（二）缺乏必要的激励机制，不能形成教研的大气候

要开展好教研工作，必要的激励机制也起着重要的作用。这种激励包括物质上的和精神上的。物质上限于经费投入少没法实现；精神上应主要在教师的年度考评上和评优晋级上，体现教研工作的重要性。这样教师的积极性才能很好地发挥，教研工作才能纳入正轨，不流于形式，达到内容和形式的统一。有效的激励机制，要能客观、动态、全面地反映教研组和教师的教研活动状态，并根据教科研制度将教师的绩效待遇、职评、晋级、评先、各种荣誉称号的评选等与教研积分直接挂钩，以促进教师自觉提升自己的专业能力和专业发展。但实际上，因为教研工作的复杂和烦琐的特点，学校很难制订出这样的激励机制。很多老师参与教研活动属应付了事，有的甚至有抵触情绪，完成质量不高，缺乏创新。

（三）事务多于教学教研，教研生态环境变差

近年来，教师的非教育教学的事务逐渐增多，如完成各级各类检查、参与临时交办的各类任务、完成各类网上学习、参与各级各类会议和培训等，教研生态环境变差，教师的精力分散。教师在教研上，精力和时间跟不上来，教师参与的积极性不高，教研活动的效果受影响。

（四）教师教研意识淡薄，家庭观念变重

相当多的教师只会“上课、批改作业、辅导学生”，自身的专业成长搁置一旁，教研活动反而成为他们的负担，他们很少有意识地去反思、总结自己的教学思想与行为，从来也没有想过要通过教研来提升自己的专业素养，教研热情不高，主动性不强。一部分教师特别是中年女教师，上有老要照顾，下有小

要管教，家庭观念变重，在“家庭”和“工作”的天平上，把更多的精力倾向家庭，严重分散了教学精力，更不会关心教研工作。学校临近市区，这类教师比较多。

（五）教研组长任期过长，工作调整相对滞后

学校长期坚持落实教研组长的课时待遇，这有效激发了教研组长的工作积极性、开拓性，明确了教研组长的责任，保障了教研组活动长期有效开展。但因为这点“待遇”，学校对教研组长的调整存在困难，个别教研组长任期过长，形成了所谓的教研组长“终身制”现象。目前，数学教研组长罗青龙临近退休，理化生教研组长罗海涛、政史地教研组长李开喜年龄都超过了52岁，语文教研组长刘芳金身体多病又要照顾家人且精力不济。

（六）课程标准的研究被忽视，就“书”教“书”现象普遍存在

2019年11月教育部印发的《关于加强初中学业水平考试命题工作的意见》，指出今后考试命题要切实做到学什么考什么，而不是考什么去教什么、学什么，要严格依据课程标准科学命题，不得超标命题。由此可知，加强教师对课程标准的研究的重要性。但实际上，多数教师不知道什么是课程标准，更不清楚课程标准的内容，普遍存在就“书”教“书”的现象，几乎忽视了课程标准的研究。

四、教研工作的对策以及建议

（一）加大经费投入，提升教研组地位

没有足够的投入，不要说有价值地开展教研活动，就连教研活动需要的师资、场地、设施设备都捉襟见肘，遑论有效教研。没有足够的经费，教师可能可以负重前行，学校也可能可以向内挖潜，但不可能有大的格局变化。教研组是学校教研工作的主阵地，学校要落实经费投入保障教研组的正常工作，防止教研组边缘化。

（二）完善教研激励制度，调动教师积极性

教师需要被激励，在关注人文与情感的当今社会，激励是一种常用的管理策略。学校要完善教研组建设与工作成果、教师专业成长成果的奖励制度；要丰富教研过程的内容，为教师创造条件、搭建平台，让教师亲身体验满足感、幸福感的获得；要有符合实际情况的教研发展愿景，引领各学科教研组形成健康向上、有自身特色的组文化，使教研组成为教师成长的精神家园，为教师的生涯规划和教师发展提供源源不竭的动力。

（三）改变教研方式，提高教研实效

面临教研活动中存在的问题，改变教研方式，提高教师教研积极性很重要。学校可以改变常规的教研活动，将常态教研课改为多种形式的课堂历练活动，聚焦具体教学问题，如骨干教师上示范课、新进教师上移植课；还可以开展比赛，以赛促研。学校可以推动“课题引领，以研促教”工作，要多推动对“草根课题”“小课题”的研究，让每个教师都能在课题的统领下，有计划、有目的地开展研究活动，教研组的活动也能紧紧围绕课题来开展。

（四）校长亲自引领，为教研创造有利条件

校长要亲自参与教研活动，从计划到实施，从检查到反馈，从总结到考核，最好都能深入了解并亲临指导。这样，校长既“会”教研、“懂”教研，也能给予教研工作大力支持，为教研工作创造有利条件。

（五）合理设置教研组，及时调整教研组长

教研组的设置尽量以学科为单位，针对同学科有3名任课教师以上的，一个学科设立一个教研组。条件许可，学校的理化生教研组、政史地教研组要考虑按学科增设单一学科的教研组。学校要落实教研组长的聘任制，根据实际情况调整教研组长，要把工作业绩突出、工作能力强的年轻教师选拔为教研组长；要妥善安排年龄过大、精力不足、能力欠缺的老师，从教研组长的位置上下来，加快做好教研组长的新陈代谢工作。

总之，教研是教学的双翼，教学是教研的灵魂。做好学校教研工作绝非易事，我们清醒地认识到学校教研工作的漫漫之路任重而道远。这需要我们认认真真、踏踏实实继续探索“以教改促教育，以教研促教学”之路，做到认识到位、思考到位、过程到位，切实有效地通过教研工作来提高教育教学质量。

2019年8月25日

“初中历史翻转教学中的移动学习资源建设与应用”研究案例

一、研究提出的现实背景、研究意义和研究价值

（一）现实背景

1. 教育信息化工作的推进与移动学习需求的矛盾突出

当前，社会全民时代的WiFi环境已经形成，智能手机等移动终端基本普及，特别是在“三通两平台”工作的推进下，学校网络教学环境大幅改善，在此背景的影响下，整个教学改革不断深入，新的教学理念不断产生，初中历史教学也出现了翻转教学课堂模式。但是由于教师观念滞后、教学理论陈旧，以及策略研究的缺乏等因素，历史课堂教学依旧存在不少问题。例如，学生对课堂中某个问题的一知半解、似懂非懂，移动学习资源和移动学习平台的缺乏，对学生课外学习持续影响不够等问题严重影响着师生教与学的热情，从而使初中历史教学效率大大降低。如何真正把学生的主体和教师的主导角色落到实处并延伸到课外，是我们当代历史教育工作者日夜思考的问题。

2. 国内外对移动学习的研究局限性较大

移动学习逐渐成为学生重要的学习方式，但国内外对于移动学习的研究，特别是对初中历史学科移动学习资源建设与应用的研究虽有起步，但局限性较大。国际上，移动学习的研究始于1994年，最初研究群体局限于个别学校、实验室等小范围。如今，关于移动学习的研究项目不胜枚举，但研究和关注的移动学习主要是网络的建设、移动终端的开发。例如，1994年美国卡耐基-梅隆大学的Wireless Andrew研究项目，这项研究工作通过无线通信技术让全校师生在校园环境中就能够自由享受移动学习所带来的完美体验。再如，英国的

M-Learning项目关注并支持移动学习材料的开发和研究。又如，德国、挪威的大学移动教育项目，是研究利用移动通信技术进行教育革新的项目。

我国对于移动学习的研究起步相对较晚。2000年，国际远程教育专家戴斯蒙德·基首次将移动学习作为远程学习发展的新阶段引入我国。国内最早研究移动学习的，有黄荣怀的《移动学习：理论·现状·趋势》、王建华等的《移动学习理论与实践》、顾小清的《终身学习视野下的微型移动学习资源建设》等。目前，国内中小学的移动学习资源的研究主要涉及语文、数学、英语等大学科的资源的教学设计、资源的内容设计、资源的开发应用及评价等，同时先后开展了大量的微课建设与研究，但仍缺乏初中历史学科“移动学习资源的建设与应用”方面的研究。

移动学习所引发的对传统教育的变革必将是深刻的、全面的、崭新的，因此要让学生和老师都能充分认识到移动资源的利用，对于历史学习效率与课程教学效能的提高的积极意义。开展移动学习资源的建设与应用的研究正好切合了这一教育热点问题。

（二）研究意义和价值

《教育信息化十年发展规划（2011—2020年）》提出，以信息化引领教育理念和教育模式的创新，充分发挥教育信息化在教育改革和发展中的支撑与引领作用。在国家教育信息化发展过程中，创新的教学模式为推进整个国家教育体制改革起着十分重要的作用。

Knowledge Planet公司认知系统部主任Clark Quinn在谈到移动学习时说：“移动学习是移动计算与数字化学习的结合，它包括随时、随地的学习资源，强大的搜索能力，丰富的交互性，对有效学习的强力支持和基于绩效的评价。它是通过诸如掌上电脑、个人数字助理或移动电话等信息设备所进行的数字化学习。”初中历史移动学习是互联网时代对于学习方式提出的新要求，其主要目的是培养学生的学习兴趣和拓展学生的学习渠道。学校应充分利用互联网丰富的学习资源丰富和完善自身的学习系统。移动资源的研究和建设主要目的是给全校初中历史老师和学生建立一个强大的数字化资源，方便学校师生随时、随地、随心地学习，拓展学习渠道。

学校要让学生和老师充分认识到移动资源的利用对于学习效率提高的积极意义，对提高历史课程教学效能的重要性。以移动学习为依托，充分利用目前比较成熟的无线移动网络、互联网，以及多媒体技术，学生和教师通过手机、笔记本电脑等终端设备，灵活地实现交互式历史课程的学习，尽可能地培养学生多样化、多渠道的学习方式，提高学生对于枯燥课程的兴趣，培养学生的自主学习能力和碎片化时间的有效利用率。

基于此，我们认为，“初中历史翻转教学中的移动学习资源建设与应用”研究的研究意义和价值在于：

1. 开发、建设一系列质优实用的初中历史学科移动学习资源

移动学习是基于资源的学习，移动教育功能的实现，离不开移动学习资源的支持，这是开展移动学习的重要基础。“移动学习资源”的建设和应用尚未跟上网络技术和移动学习终端的更新步伐，尚不能满足师生日益增长的学习需求。本研究主要是给师生开发、建设一系列质优且实用的初中历史学科移动学习资源。

2. 形成一些“移动学习资源”建设和应用的建议和思路

教师悉心开展接地气的移动资源，学生随时、随地、随心地学习移动资源，这个过程将整合多种初中历史学科的资源，依托网络平台进行交互，形成一些移动资源建设与应用的建议和思路，这对初中历史课程知识学习的个性化发展和高效发展具有里程碑的意义。

3. 全面接受学习方式和教学方式的变化

我们的研究将开发移动学习资源，研究学生移动学习行为，真真实实地让老师从单一的知识讲述者变为学生学习的指导者，教给学生全新的移动学习方式，培养学生灵活的、自主的学习能力，激发学生的学习热情和积极性，从而激发学生探索知识的欲望。

4. 提升教师教育信息化能力

虽然目前教育信息化工作取得了一定的成绩，教师专业发展水平也有了一定的提高，但教师的专业发展还存在不少的问题，具体表现在：①教育信息化能力有待提升；②历史教学与信息化深度融合方面有待进一步探究；③教师的教育信息化观念还在形成当中，这一过程在信息化时代对教师专业发展既是机遇又是挑战。“初中历史翻转教学中的移动学习资源建设与应用”研究的开展，有利于教师更新自己的教学观念和教学方式，提高自身信息技术运用能力，为培养社会所需要的专业复合型人才贡献出自己的力量。

二、研究的理论依据

（一）掌握移动学习理论

远程教育学专家戴斯蒙德·基认为，移动学习是使用移动终端，利用片段化时间，随时随地进行的一种新型个性的学习形式。它极大地满足了学习者在课堂外利用零碎时间进行学习的要求，很好地填补了课堂教学的空白，它借由技术使学习内容得以随意播放、重复、暂停，甚至被永久保存以便复习，借由移动使学习者个性化学习成为现实。

（二）建构主义学习理论

根据建构主义学习理论，实施初中历史翻转教学的移动学习，可以使学习者利用移动设备在任何时间、任何地点都可以进行自定步调的个性化学习，能够使学习者真正实现时空超越，同时增强学习兴趣。

1. 混合风格学习理论

北京师范大学教育技术学院教授何克抗认为混合学习就是把传统学习方式的优势和网络化学习的优势结合起来，"既要发挥教师引导学生学习的作用，又要体现学生主体的积极性"。混合学习理论正切合了当下翻转教学中的移动学习课堂的实践，它是对传统教学改革和对E-Learning反思后变革的融合。

2. 终身教育理论

终身教育（lifelong education）是人们在一生各阶段所受各种教育的总和，是所受不同类型教育的统一。它包括教育体系的各个阶段和各种方式，既有学校教育，又有社会教育，既有正规教育，又有非正规教育；主张在每一个人需要的时刻以最好的方式提供必要的知识和技能。信息化时代教师必须掌握信息技术，提高自己的专业水平。

3. 及时协作学习理论

移动通信设备可以使学习者及时获取信息，及时进行学习交流与资源共享，协作完成知识建构。由于在移动终端条件下，学习时间和空间不受限制，学习者可以在需要某些知识的时候，立马学习。因此移动学习又可称为及时协作学习。教师也可以借助移动因特网和移动终端及时配合，进行辅导。

近年来，随着移动通信网络的飞速发展，以及网速提升、数据流量资费下调、Wi-Fi广泛应用、智能手持设备的普及，移动学习的可行性日益增强，智能手机、PDA、MID等成为移动学习的主要依托。在这样的社会环境下，信息技术已应用于教育的每一个领域，移动资源的全面建设有助于学生和老师更好地利用新时代智能化的成果，把科学技术融入学与教，培养学生智能化学习的能力。

三、研究目标

（1）翻转课堂背景下教师建设初中历史移动学习资源的措施和途径，开发、建设成系列的丰富有价值的资源。

（2）翻转课堂背景下学生应用移动学习资源的方式探究。让学生能够在历史课堂之外自主探索相关知识，构建丰富完善的历史学科知识体系，掌握多种学习历史的方法，形成正确的历史观。

（3）“学生自主学习，教师辅助前进”的移动学习氛围的方式和途径，能够扩大历史知识的容量，从而提高整体的教育效能。

（4）研究成员所在学校的历史学科知识体系的建设与问题探索，解决了书本知识以及面授中存在的历史知识不够形象、不够直观以及不便随时随地学习的问题。

四、研究内容

（一）调查现状

调查研究成员所在学校历史翻转教学活动中移动资源建设的现状，分析存在的不足和需要完善的体系，形成详细的移动资源建设措施与途径分析。

（二）对移动学习进行可行性研究

组织教师不断学习，不断反思，做不断提高的学习者，这是因为移动学习时代的到来，打破了人们交往的时空界限，人网、天网、地网与其他教育资源的整合，为教师的学习创造了无限的空间，提高自我反思的意识和能力，获得专业发展的动力。学生通过使用pad、手机或其他移动设备，进行历史知识的学习研究，从而得出研究结论。通过制订一定的移动学习活动的计划，完成学习目标，检查单位时间内学生的学习效率是否得到提高，从而得出科学的结论并在学校中不断完善移动学习的理念，以促进移动学习资源的完善和建设。

（三）初中历史移动学习资源的建设和应用的研究

1. 历史作业数字化的开发与应用

利用问卷星平台，开发系列作业，实现历史作业数字化、移动化，基于日常作业的师生互动应用，实现连接老师与学生，记录作业数据，为师生匹配个性化题目，帮助老师因材施教，帮助学生巩固薄弱知识环节。

2. 历史数字化漫画绘制与应用活动

历史数字化漫画绘制更能轻松实现图文一体化处理，多层次的发布传播，保存查阅方便等，能为学生提供一个展现创造才能与挖掘艺术潜质的空间，提升学生学习历史的兴趣，转变学生学习历史的方式，同时也为历史翻转教学提供更丰富的课程资源。

3. 历史微课程的开发和应用

历史微课程的作用日益被广大师生发现。借助它，教师可以把教学信息一对一地传递给每一位学生，学生可以按适合自己的节奏和时间个性地学习，遇到不懂的地方还可以反复地学习。

4. 开展“优课”教研活动

“优课”为什么“优”？“优”在哪里？有哪些值得借鉴之处？“优课”中移动资源有什么样的先进设计理念？产生怎样的实际作用？我们开展“优课”教研活动，与老师们一起探究这些疑问，为老师搭建一个实践教学理念、锻炼自己、展示才干、交流学习的平台。

5. 开展在线集体备课活动

组织研究成员带动受辐射的老师开展集体备课，研讨如何应用移动资源组织教学的系列活动。具体操作以在线集体备课较为成熟的贝壳网为平台，结合贝壳网开展的集体备课大赛进行。

6. H5教学课件的开发与应用

将初中历史中一些课程的重点及难点在速课网等网站制作成H5课件，通过云端服务器发布，供教师使用。

7. 历史影视频的收集与应用

收集、加工并应用历史影视频，能够有效增强学生对历史学科的兴趣，以历史的魅力吸引学生。教师通过开展形式多样的影视活动，寓教于乐，营造一种愉悦的氛围，给学生以教育和启迪。

五、研究方法

（一）实践研究法

具体做法为：教师对主要学习群体进行移动学习资源基本需求和移动资源期望需求的收集，对学生的行为进行分析研究，开展初中历史移动学习资源的专项实验研究。在对移动资源的使用性能进行评价时，主要以学习主体的有效和学习效能的提高为主，对移动资源在初中历史活动中的使用情况进行研究。要求参加研究的师生在具体的学习过程中，以案例研究为手段，促进教师在信息化与教师专业发展方面进行反思、合作、交流，并在研究过程中，总结建设与应用初中历史移动学习资源的经验，探讨适合翻转课堂的移动学习建设与应用的模式。

（二）调查研究法

通过问卷调查、访谈等方法，了解调查对象的有关情况，并加以分析研究。对移动学习的主体进行访谈，组织学生进行初中历史移动资源的学习，指导学生移动学习的方法与技术。让学生认识并使用移动学习，进而能够利用碎片化的时间主动利用移动资源进行学习。

（三）非正式讨论研究法

教师对某一阶段或者某一时期历史课程的知识点移动学习之后进行经验总结和讨论交流，加强学生对于移动学习资源的了解和认识，并要求学生积极撰写移动学习的心得体会，使学生了解学习效率及学习兴趣是否得到提高，以实现师生之间对移动学习更好地对接，进一步提高移动学习在历史学科中的使用率。

（四）文献研究法

本研究活动在论证研究以及进行理论探讨时均会使用这一方法，具体做法是：研究国内外新的教育理论和教改发展动态，收集与“翻转课堂与移动学习”相关的理论和实践精华，结合各自学校的教师特点，不断改进我们的科研实践和教学实践。第一阶段，主要是查阅文献资料，寻找理论依据，明确研究方向。第二阶段，确定研究框架。

六、研究思路

（一）研究问题的界定

初中历史移动学习资源的建设和应用是伴随信息化发展而产生的新事物，

研究的内容众多，应用的方式也各有不同。那么，本团队对“初中历史翻转教学中的移动学习资源建设与应用”的研究，应充分利用现代信息技术，提升教师的移动资源的建设和应用能力，改变传统的学习方式，注意以下几点：

（1）移动学习资源应用基于翻转课堂，即颠倒课堂，就是打破传统的学生课上学习课下作业的模式，创造学生课下学习课上练习巩固的一种新的课堂模式。它的直接运行结果是课下学生携带自己或使用家长的移动终端设备进行学习，课上集中讨论、交流、合作解决问题。而学生课下学习就是移动学习。

（2）移动学习（M-Learning）：是一种在移动终端条件下，能够在任何时间、任何地点发生的学习，其所使用的移动终端设备必须能够有效地呈现学习内容。它彻底突破了时间和空间的限制，实现了“任何人在任何时间、任何地点进行数字化学习活动”，能够大大提高学习者的学习效率。这种定义更符合移动学习的特点——使用环境无处不在。

（3）新的《历史课程标准》也将移动学习纳入教学资源利用的范围，移动资源的开发和应用建设因此也成为初中历史教学活动中的重要课题。

（4）合理地建设和应用初中历史课程移动学习资源，是提高教学质量、促进教师自身成长的主要途径。积极参与开发利用初中历史课程移动学习资源，可以转变教师的观念，可以开拓教师的视野，提高教师的能力，使教师的工作充满幸福感。合理地应用初中历史课程移动学习资源，也是提升学生综合素质的重要途径。这既是学生自身成长和全面发展的需要，也是学生的学习方式日益改变的需要，有利于他们主动学习历史、体验历史、探究历史，成为学习的主人。而最重要的是，合理地建设和应用初中历史课程资源，能使历史课堂充满生机和活力，让历史课堂“活”起来，将历史课延伸到课外“富”起来。

（二）确定问题

信息化时代的背景下网络全覆盖的发展给移动教育带来无限生机，为学习方式的革命性变化注入了新的活力，我们对“初中历史翻转教学中的移动学习资源建设与应用”研究的研究假设如下：

（1）随着移动互联网的发展和智能手机等移动终端的普及，移动学习将成为我国年轻一代未来学习的一种重要模式。

（2）构建丰富的、专业的、合适的移动学习初中历史学习资源将有利于中小学生的学习。

（3）建设和研究初中历史学习资源将有利于初中历史教师的专业成长，丰富初中历史课堂教学内容。

由此可以确定我们的主要研究及解决的问题：对初中历史学科移动学习的需求情况进行深入具体的分析研究，并借鉴国内外发达地区移动学习的先进理论和实践，提出符合初中历史学科移动学习资源建设和移动学习的相关策略。具体来说就是：①让学生通过探索历史知识，探索学习历史的科学方法，形成正确的历史学科素养。②形成一种“学生自主学习，教师辅助前进”的学习氛围，从而提高学习效果。③丰富研究成员所在学校的历史学科知识体系，解除历史学习中的疑惑。

（三）制订计划

根据参与研究的每个成员每学期的工作实际确定具体的研究内容，制订各自每个学期的具体研究计划。例如，2017年上半年的主要研究内容是“各学校初中历史移动学习资源建设现状和需求的研究，以及对移动学习的可行性研究”；2017年下半年的主要研究内容是“历史作业数字化的开发与应用”“历史微课程的开发和应用”“开展‘优课’教研活动”；2018年上半年主要研究内容是“历史数字化漫画绘制与应用活动”“H5教学课件的开发与应用”“开展在线集体备课活动”“历史影视频的收集与应用”；2018年下半年主要研究内容是“总结经验和教训，围绕我们研究的内容写出各自的研究论文、心得或反思”。

（四）实施计划

在计划实施过程中，要尽可能按照计划进行，但由于教学和教研工作时间与精力上矛盾，以及主管部门组织教研活动的关联和干扰等因素，计划无法正常进行，教师在变更研究内容和保证完成研究任务的情况下，可以根据实际情况适时调整计划，并记录调整的理由。研究行为要尽可能多地利用主管部门开展的研究活动、平时课堂上要完成的活动作为途径，解决教学行为和教学方法上的具体问题，如“湖南省第二届微课大赛”、“湖南省第二、三届集体备课大赛”、“一师一优课、一课一名师”活动、“速课杯全国第一届H5课件大赛”等。具体线路如下：

首先，调查研究成员所在学校的初中历史移动学习资源建设的现状，分析存在的不足和需要完善的问题，形成详细的移动资源建设报告。并对学生移动学习的情况开展可行性分析，推动学生使用平板、手机或其他移动设备，进行历史知识学习研究，以促进移动学习资源的完善和建设。以此作为本研究的理论基础。

其次，开发系列初中历史移动学习的资源，并分析和解决移动学习资源建设与应用中存在的问题，使研究成员得到磨炼和提升，使学生学习得到巩固和提高。具体包括：利用问卷星平台开展历史作业数字化的开发与应用，实现历史作业数字化、移动化；开展历史数字化漫画绘制与应用活动，为历史移动学习提供更丰富的课程资源；开展历史微课程的开发和应用；以速课网为平台，开发和应用H5教学课件；收集与应用历史影视频，以历史的魅力吸引学生开展移动学习；以开展“优课”教研活动，形成教研专题片，磨炼和提升教师应用移动资源开展教学；以贝壳网为平台开展在线集体备课活动，探讨移动学习资源在集体备课中的应用。

最后，在已有工作的基础上，归纳总结初中历史移动学习资源建设与应用的成果、开发与应用的建设性建议。（图1）

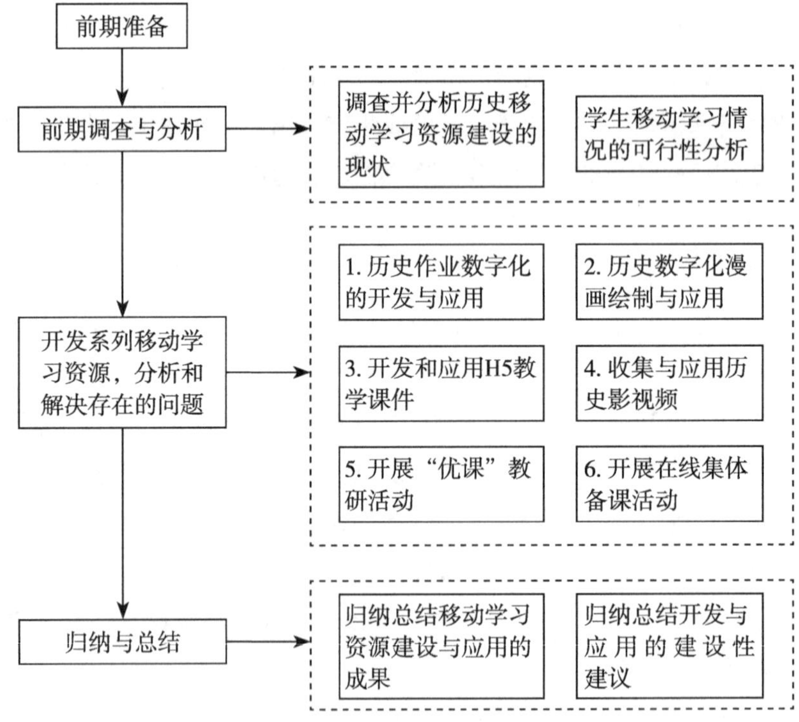

图1　归纳总结初中历史移动学习资源

（五）收集材料

采用观察、问卷、访谈、教师手记等多种方式收集有关材料，以便对研究的过程和结果做出全面、透彻的分析和评估。

（六）注意反思

反思整个研究过程，根据前期活动研究与实践的结果，展开反思与总结工作。若研究的问题没有得到很好的解决，那么就调整解决方案，然后再度采取行动、反思，从而最终达到解决问题的目的，真正把研究过程变成一个探索研究、不断发展、螺旋上升的过程。

以上步骤构成了初中历史翻转教学中的移动学习资源建设与应用研究相对完整的一个螺旋圈，保证了我们研究任务的完成，达成了研究的目的。

七、研究过程

（一）准备阶段（2017年2—5月）

（1）通过调查研究，了解学校历史活动课教学的现状。

（2）制订研究计划和实施方案。

（3）组织对参与研究成员的研究培训工作。

（4）阶段性研究成果：①研究方案和研究报告。②长阳铺镇中学历史移动学习资源现状与使用现状的调查问卷和调查报告。③针对长阳铺镇中学移动学习资源建设和应用存在的问题而制订的研究计划。

（二）实施阶段（2017年5月—2018年10月）

（1）实施研究方案。

（2）在实施过程中不断改进、调整方案。

（3）学生注重实际操作、情境表演方面的活动探究。

（4）教师注重移动资源的开发、整理和理论的形成。

（5）总结出阶段性研究成果：①初步探索出移动学习资源在初中历史课堂中的应用方法。②组织学生参加历史数字化漫画作品大赛和历史数字化作业。③撰写初中历史翻转课堂中移动资源学习建设与应用研究阶段研究报告及论文。④研究成员集体备课的个案和共案。⑤在线会客室形式的优课教研片及脚本稿子。⑥H5教学课件。

（三）推广阶段（2018年10—11月）

（1）验收成效，作出评价。

（2）撰写研究总报告。

（3）召开研究成果交流会。

（4）整理研究所有资料。

八、成果综述

“十二五”以来，特别是《教育信息化十年发展规划（2011—2020年）》发布和首次全国教育信息化工作会议召开以来，教育信息化工作坚持促进信息技术与教育教学深度融合的核心理念，坚持应用驱动、机制创新的基本方针，加强顶层设计、多方协同推进，以“三通两平台”为主要标志的各项工作取得了突破性进展。

目前大部分学校的网络教学环境大幅改善，全国中小学校互联网接入率已达87%，多媒体教室普及率达80%；优质数字教育资源日益丰富，信息化教学日渐普及；全国6000万名师生已通过“网络学习空间”探索网络条件下的新型教学、学习与教研模式；教育资源公共服务平台服务水平日渐提高，资源服务体系已见雏形；教育管理公共服务平台基本建成，覆盖全国学生、教职工、中小学校舍等信息的基础数据库，并在应用中取得显著成效；实施全国中小学教师信息技术应用能力提升工程，全国教师、校长和教育行政管理者的信息化意识与能力显著增强。

这些变化为初中历史教师建设和应用移动学习资源开展翻转课堂教学提供了可能，近两年来，我们针对初中历史翻转教学中的移动学习资源建设与应用研究进行了调研、实践，不时针对研究实践中暴露出的问题进行反思，并就自身存在的问题提出了改进的目标、具体改进措施，主要是在移动学习资源建设与应用上，让教师多角度、多层面地进行不断探索，使师生在移动学习资源建设与应用上，由感性走向理性，由无序走向有序，由低效走向高效，最大限度地改变了学生学习历史的方式，释放了学生的学习潜能和教师的开发、应用能力。

（一）丰硕的研究成果

“以教科研为先导，向教科研要质量”是我们团队开展研究工作的重要特征，我们力争通过“初中历史翻转教学中的移动学习资源建设与应用”的研究，使初中历史课程的资源特别是支持移动学习的资源与信息技术深度融合，借以推动学习方式发生革命性变化，帮助师生应用先进的信息化技术为教学服务。因而各研究成员所在学校的领导非常重视我们团队的研究。两年来，在主管领导的指导与帮助下，在全体参与研究成员的积极参与下，我们的研究有条不紊地开展着，并在各方面的共同努力下，取得了丰硕的成果。成果主要体现在以下几个方面：

1. 提升了参与研究教师的历史学科专业素养和建设与应用移动学习资源的能力

首先，提升了参与研究教师的历史学科专业素养。

教育信息化的深度推进，对教师历史学科的专业素养有着促进作用，推动了教师的专业发展。换个角度来说，我们开展初中历史移动学习资源的建设与应用，在一定程度上提高了教师业绩，不仅能推动教师专业发展方式的变革，同时也引发了教育的变革以及教育观念从应试教育向素质教育的转变。教育信息化发展的大背景下，许多老师思想观念陈旧、教学方式传统、知识结构老化，这是教师专业发展的“天花板”，这与信息化时代背景下成长起来的学生对教师专业素养的需求有差距。通过我们的研究，教师主动钻研教材、拓展知识、开展移动学习资源，无形中推动了教师的专业素养的提升。自我们研究以来，教师专业素养明显提升，如邓彬老师被评聘为湖南省实事助学杰出教师奖、“一师一优课”部优评委，罗小春老师先后被评聘为洞口县骨干教师、名教师、学校教学能手，李开喜老师被评聘为邵阳县教研能手，陈湘民老师被授予邵阳县教师学习之星，邓勇通老师被评为邵阳县优秀教师，贺艳琼老师被评为邵东市初中历史骨干教师，马振兴老师被评为邵阳县优秀教师，刘素兰老师被评为耒阳市四有教师。

其次，提升了参与研究教师建设和应用移动学习资源的能力。

通过研究团队自发组织的培训，参与研究的教师学习并接受了微课、H5课件、线上集体备课、电子作业等，无论是在教育思想、教育观念、教学设计、教学方法上，还是在信息技术与学科课程整合水平上都得到了很大的提高，同时，也激发了教师教的兴趣，让教师体验到了新的移动学习资源教学的成功。教师已经把移动教学的理念转化为自己的教学行为，在课前课后深度开发、建设初中历史移动学习资源，课中主动引进移动学习资源组织教学工作。把信息技术条件的移动学习理论、技能与初中历史课程进行了深层次的整合，在先进的教与学理论指导下，充分发挥运用以现代信息技术所提供的移动学习资源和移动学习环境，对移动学习资源的建设与应用进行有效的探索。总之，研究团队的老师们的信息技术能力在不同程度上得到了提升，如我的H5课件获得了“速课杯”全国三等奖；我执教的“元朝民族关系的发展”一课获得了“一师一优课、一题一名师”活动部优称号；我们研究成员为主的团队获得了湖南省第二届微课大赛团队二等奖；罗小春老师获得省微课三等奖；我们研究成员及辐射教师参赛湖南省集体备课大赛，罗小春老师获省一等奖，邓彬和陈湘民、马振兴、邓勇通、刘素兰、贺艳琼老师获省二等奖；等等。

2. 建成了成系列的、实用的、动态化特色明显的各类初中历史移动学习资源

我们的研究团队根据对研究成员各学校初中历史移动学习资源建设与应用情况的调查，本着资源库主要为教学所用的原则，开展了基于翻转课堂教学的初中历史移动学习资源的建设，成系列、实用性、动态化是移动资源建设的出发点，为此，一开始便确定了移动资源建设的方向、软件、内容和功能定位、支撑条件等，在移动资源内容选择上主要定位于服务于初中历史教学的课程资源和教师原创资源，且具有“成系列”和“移动性”特点，保证了随时、随地、灵活学习的条件。主要建设的移动资源包括：数字化电子寒假作业、历史数字化漫画、历史微课程、历史优课教研专题片、历史集体备课资源、部编版七年级上下册H5课件和历史影视频等，内容不求多，但求精，要求尽量原创性和实用性，以便师生利用手机、pad等移动终端使用。如今，教师们“做资源先做移动资源”已成为共识，并逐渐成为教师开展初中历史教学行为的一种习惯。

3. 推动了研究成员所在学校教育信息化发展

开展课堂翻转、使用移动资源组织教学，需要学校、教育部门提供一定的条件。我们的研究成员所在学校都建设好了班班通设施，初步实现了班班通、校校通，但也存在设备老化和破损的问题。为了保证我们研究的顺利开展，研究成员所在各学校对原有的班班通设备如电脑、投影仪、电子白板、教学一体机等进行了维修，并为所有的老师配备了电脑。在我们的推动下，各学校相继建立起了学校、班级、家校等各类QQ群和微信群，这为教师信息化、数字化、个性化的学习和管理提供了有力的保障。一些学校还建立了一定的奖励机制，针对一些优秀的课件、微课等移动资源，进行评比和奖励。这些措施，使各研究成员所在学校的教育信息化得到了有效发展。

4. 探索了初中历史移动学习资源建设和应用的新类型、新途径、新模式

翻转课堂、慕课等新的课型出现，需要大量优质的移动学习资源，呼吁广大教师和教育科研者开发建设更多的移动学习资源。几年来，微课的建设与应用、空间的建设与应用风行全国，受到广泛重视。但微课制作难度较大、空间建设与应用技术要求较高，移动学习资源的建设与应用进入困境。

我们的研究建立和实践了“初中历史翻转教学中的移动学习资源建设与应用”研究模式。该模式的含义是：

（1）精选资源类型，科学设计。精心选择了适合当下的移动学习资源类型，进行科学设计。

（2）骨干示范引领，培训技术。研究团队骨干成员发挥了示范和引领作用，培训和带领团队成员学习移动学习资源建设和应用。

（3）精选承载平台，竞赛驱动。选用了适合承载不同移动学习资源的平台，利用不同平台和主管部门组织的赛事作为驱动，推动移动学习资源的建设。

（4）逐步开展应用，不断完善。边建设边应用，既检验应用效果，也在应用中不断完善资源。

我们的研究在探索了初中历史移动学习资源建设和应用上，开发了新的移动学习资源的类型。例如，H5课件无论在制作难度上，还是在应用便捷上，或者在使用的效果上，都优于微课。再如，发动学生建设电子历史漫画资源，减轻教育资源开发者和教师开发资源的压力。又如利用贝壳网的在线集体备课大赛，不经意间轻松收集并整理完整的课程资源。我们的研究团队还新辟了建设与应用移动学习资源的新途径。例如，利用问卷星平台轻松建设电子作业；利用速课网犹如制作PPT般简单地做出精美的H5课件；利用贝壳网的在线集体备课大赛和平台，组织教师体验集体备课，建设适合移动学习课程资源；利用《中学历史教学》和中学历史教学园地承办依托“历史漫画网”组织的“园地杯”全国漫画大赛，组织实验学生制作电子漫画；利用“湖南微课网”开发适合移动终端使用的微课。这些研究和实践，有效探索了初中历史移动学习资源建设与应用的新途径、新模式，降低了移动学习资源难度，让初中历史移动学习资源变得更简洁、更精美、更优质。承载这些移动学习资源的平台，在资源的应用上，统计方便，使用流畅，交互性强，十分便捷、高效、简单、实用。

5. 探索了基于网络环境下的教学模式和移动学习模式

首先，基于移动学习资源的应用改变了教学模式。

古往今来，教师的主要角色是知识的传授者，然而，随着信息时代的到来和网络技术的发展，我们开展了“初中历史翻转教学中的移动学习资源建设与应用”的研究，建设了开放的共享的供移动终端学习的资源，教师的这种角色被逐渐淡化，基于移动学习的教学活动，促使教师改变教学行为：从文化知识的传播者转变为学习方法的指导者。在研究过程中，我们尝试着让师生提前将一节课的移动学习资源建设并整理好，学生可以根据H5课件浏览知识点，完成学习任务，通过微课程和更多素材扩充知识面，并解决学习过程中的疑难问题。教师在课堂中主要让学生展示学习的成果、分享学习的感受，寻求解答学习中遇到的疑难。教学过程中，教学组织形式呈现多样性，教师的行为主要是学习方法的指导，让学生感受自由学习的乐趣。他们普遍认可这种基于移动学习资源的应用的教学模式。老师的备课材料将不再由老师先进行筛选，而是直接面向学生，成为学生的学习材料。于是，教师的职责从传统课堂中的传授知识，转变为指导学生发现学习中的问题，在学习活动中形成知识。传统的“教师—教材—学生”交互的教学模式，转变为“教师—教材—移动学习资源—学生”交互的教学模式。

其次，基于移动学习资源的应用改变了学习方式。

现在，信息技术迅速发展，已经深刻影响了学生的学习行为，移动学习成为学生普遍欢迎的新的学习方式。通过参与研究团队组织的活动和选择性地学习我们团队开发的移动学习资源，研究活动所在学校的学生广泛开展了移动学习，有效延伸了课堂教学，激发了学生学习初中历史的兴趣，提升了学生综合素质。例如，2017年寒假，七、八、九年级学生分别使用了邓彬团队开发的基于问卷星平台的系列电子寒假作业，深获学生喜爱；2017—2018学年开展的“历史数字化漫画绘制与应用活动”学生全程参与。这为学生提供了一个展现创造才能与挖掘艺术潜质的空间，提升学生学习历史的兴趣，转变学生学习历史的方式，增强学生的想象力、审美能力、实践能力，丰富学生的课余文化生活，也为历史教学提供更丰富的课程资源。在2018年3月落幕的“园地杯”第三届漫画大奖赛中，参与研究实验活动的学生的数字化漫画获得了优异成绩：

在罗小春老师指导下，洞口县思源实验学校卿如卉同学的《丝绸之路》获二等奖；在邓彬老师指导下，邵阳县长阳铺镇初级中学的张玲珑同学的《及时雨》获二等奖。

6. 撰写了研究总报告和研究论文反思集

通过近两年来的研究、实践和积累，邓彬研究团队充分发挥各学校的激励机制，主管部门和教科研单位组织学科竞赛活动，自主组织技术培训，师生共同参与建设与应用，使初中历史移动学习资源丰富多彩，互动性得到大大增强。这些资源在教学中已起到了良好的辅助作用，极大地提高了老师备课的质量和课堂教学的效率。同时，在促进学生学习方式的改变、知识生成、创新意识、协作能力、分享意识等方面也起到了积极的作用，从而切实提高了研究成员所在学校的初中历史教学的有效性。研究成果还对研究和实践进行了总结，形成了理论成果，撰写了研究总报告，并整理了在研究过程中部分成员撰写的论文和心得，整理成了《论文反思集》。

附：《论文反思集》中的论文和心得明细

（1）陈湘民：《比较H5课件与普通PPT课件的优劣势》。

（2）刘超兰：《谈谈H5课件的制作》。

（3）刘素兰：《翻转课堂之速课制作预备篇》。

（4）罗小春：《浅谈H5交互式课件的优点与应用》。

（5）马振兴：《浅淡H5课件制作与应用》。

（6）陈湘民：《关于对电子作业的研发、应用的思考与困惑》。

（7）邓勇通：《浅谈中学生电子寒暑假作业的应用》。

（8）刘芳金：《电子作业让我欢喜让我忧》。

（9）刘素兰：《中学历史移动学习初探》。

（10）罗小春：《浅谈互联网+教育的结合——从历史翻转课题组电子寒假作业谈起》。

（11）马振兴：《浅谈实践历史电子作业的几点反思》。

（12）宁春梅：《电子作业在历史教学中的尝试应用》。

（13）刘超兰：《探究电子寒假作业应用与完成》。

（14）陈湘民：《我们集体备课的一次缘由》。

（15）邓勇通：《致远团队集体备课的故事》。

（16）刘超兰：《浅淡集体备课大赛》。

（17）刘素兰：《我的备课大赛系列故事》。

（18）邓彬：《我的集体备课的故事》。

（19）陈湘民：《巧用历史漫画改进历史教学》。

（20）邓勇通：《浅谈初中历史漫画教学》。

（21）刘超兰：《浅谈历史漫画激活课堂教学》。

（22）刘素兰：《历史漫画探索之浅见》。

（23）罗小春：《漫画让历史课堂行走在简单和深刻之间》。

（24）宁春梅：《浅谈漫画在历史教学中的作用》。

（25）刘素兰：《中学历史移动学习初探》。

（26）邓勇通：《浅谈初中历史教学中的爱国主义教育》。

（27）邓勇通：《如何实现有效的班级管理》。

（28）贺艳琼：《教学设计必须关注学生历史学科核心素养的培养和提升》（曾获省三等奖）。

（29）刘超兰：《充分运用多媒体技术，全面提高历史课质量》（曾获娄底市一等奖）。

（30）刘超兰：《〈美国独立战争〉教学设计》（曾获省三等奖）。

（31）刘超兰：《浅析初中历史教学与教材处理的策略》（曾获省三等奖）。

（32）刘素兰：《〈秦朝的统一〉教学设计》（曾发表在《成长·读写月刊》2017年3月刊上）。

（33）刘素兰：《历史教学模式探索之我见》（曾发表在《中文科技期刊数据库：全文版》2017年2月刊上）。

（34）刘素兰：《如何指导学生考后学习》（曾获省三等奖）。

（二）研究成果的价值

我们的研究，在结果上建设了一批优质的初中历史移动学习资源，在一定程度上丰富了初中历史教学中的移动学习资源，而在实践上也能大大改变学生的学习方式。构建形式多样的基于利用移动学习资源的教学模式，使教学模式从“教师—教材—学生”交互转变为“教师—教材—移动学习资源—学生”交互，开发出的资源和新的教学方式，符合学生的兴趣，切合学生的需求，学习效果明显，有效提高了教学效率。

我们的研究，能很好地促使教师转变教学理念，顺应时代潮流，不断提升自身的教育教学水平，实现对初中历史移动学习资源的有效利用和组织，使分散的教学资源广泛地建立适合移动终端的平台，形成规范统一、高度共享、协同开发、打破时空、深度交互的移动学习下的教学体系。实现了教师教学观念、教学方法、教学手段的现代化、科学化、信息化，切实提高了教师的教育教学水平，激发学生的学习兴趣和热情，全面提高了学生的素养。也有效推进了学校教学设施现代化、信息化的建设进程。

我们的研究，探索了初中历史移动学习资源的应用方式，实现共享应用，有效地利用了闲置的资源，打破时空的教学，全方位地提高教学效果，提升教学质量，推动了新课程的改革。我们的研究，为以后初中历史移动资源的建设和应用，为向其他学科延伸打下了坚实的基础。

九、研究存在的问题分析

虽然我们研究开展以来，工作开展得扎扎实实，取得了一定成效，但在研究过程中也存在一些不足和问题。

（一）理论指导不足，研究的进展有些宽泛

研究团队成员来自不同学校，年龄差异大，研究团队缺乏专家型教师，缺乏理论储备。这严重制约了我们研究的深入发展。我们研究实施的过程都属于摸着石头过河。

（二）缺乏独立的移动学习资源承载平台

移动学习资源承载平台是一个不断完善不断更新的动态平台，但我们研究和建设移动学习资源类型较多，独立的平台尚难承载。且作为普通的一线教师，我们开发独立平台的困难很大。通过研究，我们明确了初中历史学科移动学习资源平台建设的发展方向，明确了移动学习资源组织、开发、利用的基本模式和方法，接受了移动学习资源平台发展的理念，现在虽然我们申报成果，但这只是一个起点，不是终点，对初中历史学习资源的建设和运用的研究，我们将不断地进行。

（三）教师的教育信息化能力提升仍然存在很大的问题

主要表现在教师的移动学习资源制作技能较低，这反映出很多教育信息能力提升的培训不够有效，缺乏针对性和实效性，不能让老师学以致用。在研究中，研究团队不得不抽出精力自己组织培训。还表现在很多教师对移动学习资源条件下的移动学习抱有怀疑态度，一些年龄比较大、教龄比较长的老师，习惯了以往的教学思想和方法，在思想上都不愿意接受打破时空的移动学习方式。

（四）家长抵制孩子使用移动学习资源的移动终端

网络时代下，手机、pad等移动终端普及，许多没有抵制力的学生，从中接触到了不良信息，一些学生因此成了“手机迷”“手机控”，学习成绩一落千尺，精神状态萎靡不振。这使得广大家长在让孩子使用移动终端开展移动学习资源的学习上，持保守和谨慎态度，影响了移动学习资源的普及应用。

（五）教研意识还不够强，做研究的经验缺乏，精力不足

由于时间太短，我们经验也有限，所以，距离原定的目标还有较大距离。教师平时教学工作量较大，从事教科研的时间有限。而移动学习资源建设和教学应用研究，都要求有比较充裕的时间，这对于第一线的教师来说困难较大，所以资源的质量和数量与研究的预期略有差异。

（六）写作能力欠缺

未能把一些本该写成论文的反思总结提升。

十、结束语

在浩如烟海的网络世界里，在瞬息万变的教育信息化时代，我们是一群渺小的探索者。但是我们认为，我们的探索是有价值的！我们植根于学校、服务于教与学，我们建设的初中历史移动学习资源虽数量有限，但却很实用。我们实现了对初中历史不同类型移动学习资源的有效集成、整合和优化，做到了有效配置和应用，从而切实提高了教学效率。我们的努力没有白费！

成果可以申报，但研究不会停止。长阳铺镇中学将在本研究的基础上，认真总结经验与做法，客观分析问题与教训，继续深入开展研究与实践工作，争取将本研究申报成省市级教科研课题，推进初中历史移动学习资源建设与应用的常态化。

2019年11月

心怀使命，踔厉奋发

一、经历风雨，追寻研究的无尽乐趣

2020年5月，课题“初中历史翻转教学中的移动学习资源建设与应用”荣获了邵阳市第五届教育教学成果二等奖。消息传来，喜大普奔。从开始酝酿申报到结题评奖，时间将近两年，我们在辛苦劳累中走过，品尝了做课题的酸甜苦辣，经历了风风雨雨，沟沟坎坎，不经意间，种下的种子竟也落地生根并结果。

回顾过去：因为劳累，有人倦怠；因为碎事，有人意退；因为艰难，有人回避……而这所有的一切，都因为执着，而选择了坚持。

感谢刘素兰、罗小春老师的锐意奋进、引领示范，感谢刘超兰、陈湘民老师的积极配合、扎实认真，感谢李开喜、邓勇通老师的带病研究、不欠任务，感谢马振兴老师的不唯职称、潜心科研。是你们，让课题工作有了更多的光彩。

感谢钟娟老师为课题的初始研究方案绞尽脑汁，感谢罗向荣老师帮助他人完成H5课件，感谢宁春梅、刘芳金老师边学习边追赶的劲头，感谢贺艳琼老师无力跟进主动请退的善意。是你们，让我们见证了课题工作的复杂性、艰巨性。

作为课题的组织者，我做了大量的工作：申报、计划、总结、通知、材料收集、整理……凡此种种，并不简单。这过程，犹如十月怀胎的母亲，而结题犹如分娩生子，这个课题和证书便是自己的孩子。

谢谢你们，让我有了这样的体验！

课题已经结束，但研究永远不会停止！朋友们，希望你们不负韶华，在自己的岗位上做出更多更好的成绩，和我们一起追寻研究的无尽乐趣。

二、相约一起，奔赴工作室的壮丽沃野

6月，紫薇娇艳，鲜枝葳蕤，生机与活力处处洋溢，希望和梦想处处萌发。在这美轮美奂的季节里，我们怀着期待，带着热情，相聚在一起，共赴2020“湖南省邓彬初中历史名师网络工作室”这场学习与成长的饕餮盛宴。

无论你是来自乡村学校的青春年少，还是来自城市名校的资深行家，都正要成为一粒粒激情饱满的种子，奔赴工作室的壮丽沃野，撒播到这片肥沃而广阔的土地。我们或亲切交流，或无间协作，或认真聆听，或热烈探讨，触摸前沿的教育理念，吸纳名家的点滴经验，探讨各自的教学疑惑，在专业素养的广阔田野里生根发芽，开花结果！

工作室的工作充实而忙碌。你可能会收获成果和喜悦，你可能会提升内涵和素养，你可能会展示出自己的光彩和智慧，这是工作室搭建的平台。但是，你需要披星戴月，你需要披荆斩棘，你也需要革故鼎新。凡此种种，旷日累时。

这是工作室给予我们的重托，也是身为教育工作者的使命，更是新时代教育形势赋予我们的责任。

希望大家心怀使命，不负重任，昂扬地向前奋进，持续地积蓄能量，在邓彬名师工作室这块阵地绽放出更灿烂的华彩。

2020年6月

2020年邵阳县初中历史教学竞赛观课感

感谢邵阳县教研室的专家和领导，精心组织了本次教学比赛，给全县初中历史教师搭建了一个交流和学习的平台。共11名老师围绕部编教材七年级上册，以新课程理念为指导，合理选择教学方式，达到预期效果。我担任评委并做最后点评，惶恐之余更有紧张。现将听课感受写下来与大家分享。

一、本次优质课的突出表现

（一）新课改的教学理念已经渗入课堂，教师的教学行为已经发生变化

相比2012年和2015年的历史教学比赛，本次比赛不少教师设计了导学案、情景剧、游戏活动，几乎所有老师都引导学生自主学习、合作探究，充分突出了学生的主体性，学生的角色和学习方式发生了改变，学生的角色由单纯被动的听课者、回答者向参与者、质疑者转变。

邵阳县十一中蒋芬明老师的“三国鼎立”、长阳铺镇中学钟娟老师的“夏商周的更替”等，深入开展了分组探究合作，学生的主体性得到了发挥，体验到了成功的愉悦，知识生成性很强，再加上教师优美精练的语言，富有感染力和亲和力，师生互动，课堂气氛活跃。她们的课件精美新颖，构思精巧，营造情境，激发兴趣，使课堂增色不少，值得学习推广。教师对课件的合理运用，体现了教师对教材的理解和对课堂的驾驭能力。

（二）课堂上知识的传授条理清晰、层次分明，常规环节把握较好

几乎所有的课都设置了情境导入，都有师生互动的介入，很多堂课设计了课后巩固练习。

（三）参赛青年教师基本素养普遍较高

语言表达能力突出，普通话水平较高，上课有激情。信息技术应用较为熟

练，都有很好的专业发展潜能。

（四）对教材的挖掘、整合、拓展具有新意

不少教学设计独具匠心，让人耳目一新，体现了从教教材向用教材的转变。例如，千秋中学刘志强执教的“中国境内早期人类的代表——北京人”一课，他以4个“考古”活动为线索，利用导学案，开展切身体验的活动，帮助学生体会北京人的生活特征。蒋小妮老师执教的“两汉的科技和文化”一课，以4个“场馆”为线索，将零碎的、跨度很大的4个知识点串起来。

（五）有老师开始关注历史学科核心素养的落实

历史学科的五大核心素养，包括时空观念、史料实证、历史理解、历史解释、家国情怀，是对三维教学目标的高度概括和精准提炼，是最新的历史学科课堂教学目标。金称市镇中学陈剑南老师的“西晋的短暂统一和北方各族的内迁”一课，他板书了“魏晋的演进思维导图”，图片演进了历史发展过程，注意落实时空观念。蒋分明老师、钟娟老师、陈剑南老师特别注意了家国情怀、民族关系，将爱祖国、民族自豪感、自强、谦虚等历史价值观的教育渗入课堂。

二、评委们在听课中的感悟

我认为，教学本身就是一种遗憾的艺术，完美无缺的课是不存在的。尽管花费了心血，进行了努力，缺陷与不足仍然在所难免。每位教师的教学能力就是在弥补缺陷和纠正失误的过程中不断提高的。许多问题，令人担忧和着急。下面，我把评委们在听课中感悟出的一些问题和想法提出来，供大家参考。

（一）有些教师基础知识薄弱，还停留在“教教材”的层面上，关注课程标准的意识较为淡薄

课标是教材编写的依据，教材是课标最主要的载体，是教材、教学和评价的出发点和归宿。从今年开始，高考命题不再依据考试标准，回归到“教什么就考什么”上来，中考命题也改为依据课程标准而非考试标准。但是我们多数教师没有研究好课标，对教材不理解不钻研，吃不透，较多老师还出现了常识性史实错误。例如，有将孙坚、曹操归为三国时期人物的，有将“三国演义”的故事当历史史实的，有将文学艺术和历史混为一体的，等等。有叙述不当如“中国是世界上仅存的四大文明古国之一”“老子是道教创立者”的，我们不能确定“曹操是奸诈、凶残的人”，也不能肯定“刘邦作为亭长是个小官吏，他不是完全意义上的平民皇帝”。老师们，我们可以不教，但一定不能把错误知识和观点传授给学生。连教材都教不好，这就有些说不过去了。历史教学对教师的自身素质提出了很高的要求，教师必须拓宽自己的知识面，树立新的教材观、课程标准观。教材只是教学内容的一种载体并不等于教学内容，是课程资源之一，但不是唯一的。教师绝不能只会“教教材”，而是要学会依据课程标准“用教材教”。要想做到这一点，教师就必须通过读书学习充实自己，增强自身知识的厚度和史学的功底。

（二）比知识的匮乏更令人担忧的是一些教师史学观念还没有跟上来

对于初中历史而言，不管是全球史观、多元史观、文明史观，还是革命史观，其实都是唯物史观，这是最上位的史观。学生可以依据它，对历史问题进行探究，论从史出，史论结合，培养了学生史学意识和理解能力。一节好的历史课是需要史料实证去整合的。教材第一课的课程标准要求只有两句话，其中一句就是“知道化石是研究人类起源的主要证据”。我们老师的课件很漂亮，但基本上都忽略了引导学生史料实证，论从史出，忽略了历史知识在“史料实证”中的生成性，仅有个别老师略有涉及。大家不应该丢弃了我们最应该拿起的教学法则。

（三）一些教学设计缺乏思维含量，教师的语言贫乏

许多教师在授课中为活跃课堂气氛都设计了师生互动环节，向学生提出了许多问题，但开展成了空设，这叫虚放一枪，成了无效的师生、生生互动。

（四）课件来源于网络，没有自己的思想和认识

每一个课件都体现了制作者的思路和设计，使用别人的课件，往往会被别人的设计绑架。人家的课件适合人家的课堂风格，不一定适合你的风格，更体现不出你的思路，也有可能展现不了你的优势。使用别人的成果本身没有问题，可以为我们节省时间，但一定要根据自己的情况加以修改。但我们有的课件中有明显的错误都没有更正，这就不应该了。

老师们，你们都是从各中心学校选拔出来的佼佼者，但我们仍能感觉得到，老师们都很紧张，老师们都很在意。但我们都知道，赛课活动某种程度上，就是一种遗憾的活动，遗憾也是一种美，是我们成长过程不可或缺的过程。

参赛不仅仅是为了拿奖，也是为了寻找自己的差距，在这个过程中我们可以结识同行、前辈，交流学习进步。

评委的工作在某种意义上说就是挑毛病，评课很容易伤害到上课的老师，我已经尽量克制了，避免了语言的犀利，我更喜欢议课，用那种“我觉得可不可以这样上？”的语言，老师们会更乐意接受，但点评就是观点的碰撞，思想的交流，请大家海涵。作为湖南省邓彬初中历史名师网络工作室的负责人、邵阳县初中历史兼职教研员，我很高兴认识你们这些初中历史教学路上的新朋友，让我们一起为邵阳县的初中历史教学努力。感谢各位！

2020年12月15日

“名师工作室促进湘西南地区初中历史教师专业发展的实践研究”研究案例

“名师工作室促进湘西南初中历史教师专业发展的实践研究”课题系湖南省教育科学“十三五”规划一般资助课题，于2019年3月提出课题申请，2019年5月由湖南省教育科学规划领导小组办公室正式批准立项。经过三年的研究与实践，已顺利完成各项研究任务，并取得了良好的研究成果。现将课题组自课题批准立项以来的研究作结题总报告。

一、课题提出的现实背景、意义和研究价值

（一）现实背景

1. 湘西南地区教师队伍的现状

从20世纪90年代开始，专业学习共同体在美英等西方发达国家悄然兴起，成为知识经济时代背景下的一种新的学校发展模式。名师是社会公共资源，为实现名师的社会效益最大化，加快构建区域教育人才高地，近年来国内许多地方相继建立了不同层次和不同类别的名师工作室。在湖南省，经湖南省教育厅、湖南省电化教育馆批准，于2013年成立了17个省级网络名师工作室，2014年增至57个，2016年增加到80个。经实践表明，这些名师工作室经过三到六年的运行，切实发挥了名师在教育教学中的示范、引领和辐射作用，带动了一大批教师参与教育教学研讨，已经成为促进教师专业成长的有力抓手。其中湖南省基础教育邓彬名师工作室（初中历史）坐落于邵阳县长阳铺镇初级中学，是湖南省第二批57个网络名师工作室之一，创立于2014年，已经运行五年。目前，邓彬名师工作室共有成员800余人，成员分布上以邵阳市为主，覆盖全省，

担负着提升湘西南地区初中历史教师专业发展的任务。

但是，邵阳市辖区位于湖南省湘西南地区，长期以来，经济相对落后，其中大部分属国家级贫困县。在这个大环境下，整个湘西南地区的师资力量较为薄弱，具体表现在：

（1）教师资源缺乏。在一部分乡村学校，甚至存在着一个老师教多门学科的情况。

（2）教师的专业基础知识相对薄弱，而且教师能接触到的培训不多，难以及时更新知识，因此教师的专业水平总体比较低。

（3）教师老龄化情况严峻，教育观念比较陈旧，教学方法相对落后。

教师老龄化情况严峻，教师的专业水平总体比较低。尤其在多数的乡村地区，有一部分教师所教非所学。

（4）教师流失严重。正是因为湘西南地区教师队伍的这一现状，“如何在湘西南地区有效地发挥名师对当地教师专业发展的示范、引领作用”“如何建设好落后地区省级名师工作室”和“如何充分利用网络名师工作室有效提升教师的专业发展”成为我们工作室不断思考与探索的问题。这也是我们此次课题提出的直接来源。

2. 国内外研究状况

名师工作室这一研修方式在国外还没有见此报道，但在国内多地都已经得到推广，全国大多数省市地区都在进行名师工作室这种组织形式的尝试，以学科为单位，提高教师专业成长。

从近几年国内各地的尝试性实践效果来看，已经证明名师工作室是推动教师专业成长和跨区域互动的重要方式。从网络上能搜集到的各类信息来看，很多地方的名师工作室取得了良好的成绩，对成员教师成长起到了很大的推动作用，不少参加过名师工作室的教师发表了诸多名师工作室的学习心得和成长总结。这也让我们对本名师工作室的工作开展以及未来的成长充满了信心和希望。不过，从目前我们所能搜集到的文献资料来看，名师工作室对教师成长的作用缺乏权威和系统的总结，相关研究成果较少。湖南省基础教育邓彬名师工作室组建五年多来，虽然取得了很多成绩，但我们没有认真总结名师工作室促进教师专业发展方面，取得了哪些成绩，还存在哪些不足，今后如何开展好这项工作等，相关研究成果较少。

这让我们对本课题研究多了一份使命感和责任感，希望我们的课题研究能够填补这一领域的空白，力求让名师工作室对教师专业成长的作用更加全面和高效。

（二）课题研究意义与价值

本课题以邓彬名师工作室为例，开展名师工作室对促进湘西南地区初中历史教师专业发展的实践研究，既能进一步提升名师专业素养，也能创建名师工作室培养湘西南地区优秀教师的新机制，发挥名师工作室名师和高水平教师的专业引领作用，使名师工作室进一步成为湘西南地区优秀教师重要的发源地、优秀青年教师的集聚地和未来名师的孵化地，以不断促进湘西南地区初中历史教学更快更好地发展。

基于此，我们认为，“名师工作室促进湘西南地区初中历史教师专业发展的实践研究”课题的研究意义和价值在于：

1. 营造成长氛围，发挥“名师效应”

名师工作室为教师营造成长的氛围，创造成长的条件和机会，教师在大氛围下，通过自己的努力进行展示和发展。通过“名师工作室”这块阵地，发挥名师的领衔、示范、激励、凝聚和辐射作用，把握好教师专业成长的基本着力点，营造学习和进步的氛围，促进教师的专业化发展。

2. 依托资源建设，提升教师素养

本课题依托邓彬名师工作室的资源平台，组织一批有着共同志向、共同愿望的初中历史教师，组成研究协作小组，发挥集体的力量，自力更生，开展初中历史教育教学研究，开发初中历史教育教学资源，在资源建设、共享和应用过程中，提升教师专业素养。

3. 搭建交流平台，促进专业成长

本课题依托邓彬名师工作室，搭建“讨论交流”栏目、微信群、QQ群等交流平台，布置研究任务，解答教学疑惑，使每个成员带着研究任务从事具体的、实实在在的研究活动，并开展课堂教学示范课、研究课、观摩课、展示课等会课活动，以及组织专家讲座，让每个学员置身于课堂教学研究，学习名师精湛的教学艺术，接触先进的教学理念，提升专业素养。

4. 积淀教研文化，推动湘西南教育均衡发展

当前，教师进修学校和各级教研员工作重心下移，越来越关注贫困落后地区教师专业发展。名师工作室创新教师培训机制，有利于逐步缩小城乡教育发展差距，把教育水平引向一个更高阶段。

二、课题界定

（一）名师

名师，通常指在教育教学领域，在一定区域内具有一定知名度和影响力的教师。他们具备先进的教育教学理念和高超的实践能力，并且拥有特级教师、学科带头人等称号。

（二）名师工作室

名师工作室，是在政府教育主管部门指导下，以名师姓名及其专业特色命名的非行政性工作机构，是由同一学科领域骨干教师共同组成的，集教学、科研、培训等职能于一体的教师合作共同体。名师工作室以名师为引领，以学科为纽带，以先进的教育思想为指导，旨在搭建促进中青年教师专业成长以及名师自我提升的发展平台，打造一支在全省乃至全国学校教育领域中有成就、有影响的高层次教师团队。名师工作室由一名主持人和若干名相同学科的工作室成员组成，由教育行政部门聘任，实行任期管理。主持人必须是在一定范围内具有相当影响力和专业拔尖的业务权威、专家型人才，工作室成员是学科带头人、教学能手等优秀骨干教师。从人员构成来看，名师工作室应当是精英型团队组织，是一个地区、一个学科的顶尖人才群体，享有较高的专业威望和专项科研津贴、经费支持。名师工作室虽然是教育行政部门设置，但不具有行政职能，从本质上说，是一种扁平性的学术组织。

（三）邓彬名师工作室

本课题中“名师工作室”是指“湖南省邓彬初中历史名师网络工作室”，它由湖南省教育厅、湖南省电化教育馆主管，依托湖南省基础教育资源网名师工作室平台开展网络教研活动。目前，邓彬名师工作室共有成员800余人，成员分布上以邵阳市为主，覆盖全省。

（四）教师专业发展

教师专业发展是指教师作为历史学科专业人员，在专业思想、专业知识、专业能力等方面不断完善的过程，即由一个专业新手发展成专家型教师的过程。

（五）湘西南

本课题中“湘西南”是指地理位置处于湖南省西南方向的邵阳市、永州市和怀化市等区域。

三、课题研究的理论依据

（一）建构主义理论

建构主义认为教师不再是知识的灌输者，学生需要对知识进行建构，而教师就是学生建构知识的组织者、合作者和指导者。这就对于教师专业化的要求越来越高，培养骨干教师成为当下教育中迫切的需要。而名师工作室意义在于利用名师和专业共同体的优势，培养高层次教师整体水平。

（二）终身学习理论

在名师工作室推动下，教师通过学习获得专业发展属于一种成人学习，包含着终身学习的理念。这种学习与学生的学习有着很多不同的地方。教师由于工作、家庭、年龄的缘故在学习方面会存在一些困难；教师学习的创造性不及学生；教师在学习方面会更主动，学习更具目的性。

（三）实用主义教育理论

杜威认为：教育即生活，从做中学，教育即经验的不断改造。名师工作室通过各种教研活动、应用各种教学资源促进教师专业发展，符合实用主义教育理论的要求。

（四）义务教育历史课程标准

义务教育历史课程标准指出：教师要强化历史课程资源意识，因地制宜地开发和有效利用各种课程资源。教师要注重启发式、互动式教学，积极探索多种教学途径，组织丰富多彩的教学活动。

四、研究目标

（一）资源的开发整合

通过本课题的研究，利用工作室的网络平台，整合初中历史学科资源，为广大初中历史教师提供优质的学科教育教学资源。

（二）提升工作室教师的水平

通过邓彬名师工作室这个平台，有效提升课题组成员的专业水平和研究能力。

（三）促进湘西南地区历史教师的成长

总结邓彬名师工作室研修的组织形式、运作机制等，研究其对教师专业成长促进作用，为湘西南地区名师工作室的推进及教师专业发展提供借鉴。

五、研究内容

（一）丰富了初中历史教学资源，充分发挥了网络平台教育教学作用

利用邓彬名师工作室平台，分类建设了覆盖整个初中阶段历史学科的各类资源，使邓彬名师工作室成了湘西南地区初中历史学科的教研资源平台和初中历史教学动态工作站、成果辐射源、资源生成库。

（1）建立了工作室公众号。

（2）开展了“停课不停学”活动。

（二）探索了如何建设好落后地区省级名师工作室

名师工作室作为一种教师研修、培养的模式，我们将探索如何更好地提升落后地区工作室的建设，如何促进名师工作室和教师自身的专业发展。具体包括：

（1）部编教材与教学研究活动。

（2）命题活动。

（3）集体备课活动。

（4）教学设计活动。

（三）开展了初中历史教师学科培训

通过名师工作室组织和服务，在专家指导下，课题组主动承担了各项网络研修工作任务，定期开展了主题活动，以研讨会、报告会、名师论坛、名师送教课堂、在线交流等形式展现了工作室研究的学科理论成果，解答全省师生在教与学过程中遇到的难题，推动了湘西南地区初中历史教师的专业发展。具体包括：

（1）部编教材培训活动。

（2）中考研讨会活动。

（3）送教活动。

（4）师徒结对活动。

（5）研讨课、示范课活动。

（四）课题组在名师工作室的带动下，开展了各种历史活动，加强学生对历史的兴趣

（1）历史小论文活动。

（2）共同感受历史活动课。

（3）历史文物仿制。

（4）观看历史影片活动。

（5）学生思维导图活动。

（6）九年级历史辩论会活动。

六、研究方法

本课题研究内容较多，理论性和实践性较强，主要采用文献研究法、调查研究法、案例分析法、观察法、访谈法、行动研究法、经验总结法。具体方法如下：

（一）文献研究法

课题组通过图书馆、网络数据资源库等多种方式对现有教育类图书、报纸、杂志、数据库进行检索，对国内外名师工作室及教师专业发展的相关学术文献进行阅读、梳理，将这些文献资料作为本研究的理论基础。

（二）调查研究法

课题组召集相关的不同人群分批次进行座谈，充分掌握湘西南地区部分初中历史教师专业能力。

（三）案例分析法

课题组通过对参加名师工作室的老师进行个案分析，探索名师工作室如何促进教师的专业发展，以及给教师专业发展带来了哪些作用。

（四）观察法

课题组深入名师工作室中，采用完全观察的方法，不去干扰名师工作室的正常开展；通过观察去了解名师工作室是如何开展活动的和开展了哪些活动，反思这些活动对教师专业发展起了什么作用。

（五）访谈法

通过访谈，了解名师工作室教师对于名师工作室的态度，在名师工作室活动中的收获以及取得的成绩。

（六）行动研究法

组织名师工作室成员参与一些具体活动，比如空间建设、资源开发和应用、备课大赛、中考专题研讨等，在行动体验中提升工作室成员教育信息化、教科研等专业能力。

（七）经验总结法

通过对课题研究过程的概括和总结，提炼名师工作室促进湘西南地区初中历史教师专业发展的经验，便于其他学科或组织推广应用。

七、研究过程

本课题研究周期为两年，从2019年3月至2021年3月，本课题研究共经历了准备阶段、实施阶段、总结阶段三个阶段。

（一）课题研究初探阶段（2018年12月—2019年5月）

（1）调查分析了湘西南地区部分初中历史教师专业能力、湖南省邓彬名师工作室建设情况。

（2）制定了研究方案，课题申报立项。

（3）组织了课题组教师查阅资料，开展理论学习等活动，提升课题研究能力。

（4）召开了课题组会议，修订和完善了课题方案，做好了开题论证，让课题组成员明确研究目标。

（5）课题组成员分工细化。为把课题做细、做实，拟订了详细的课题组成员分工计划，细化了研究任务。

（二）全面研究、深入实施阶段（2019年3月—2021年1月）

（1）对工作室平台资源进行开发与建设。资源形式主要为教学配套的课件、微课、中考复习专题、名师命题卷，以及示范课、展示课等。

（2）开展促进名师工作室和教师专业发展的活动。具体包括：部编教材与教学研究活动、命题活动、集体备课活动、教学设计活动。

（3）开展了湘西南地区初中历史教师专业素养提升的资源整理与培训，包括部编初中历史教材的研究素材整理与培训、历史学科核心素养资源的整理与研究、中考研讨会活动、送教活动、师徒结对活动、研讨课、示范课。

（4）带领湘西南地区部分初中历史教师开展了各种历史活动，提升学生对历史的兴趣。包括历史小论文活动、共同感受历史活动课、历史文物仿制活动、观看历史影片活动、学生思维导图活动、九年级历史辩论会活动。

（5）边实践，边总结，不断充实课题实施方案。

（6）开展了课题成果中期研讨活动，分享成果。通过阶段研究不断总结经验，形成研究成果，实现资源成果共享。

（7）课题组成员撰写了与本课题相关的经验论文或以学科为单位的论文、随笔体会和反思。

（三）研究总结阶段（2021年1—3月）

（1）收集整理并汇编了课题资料，对课题研究进行了全面总结。

（2）提炼了研究成果，汇编课题论文集。

（3）撰写了结题报告，申请结题，并申报成果。

八、课题研究取得的主要成果

（一）加强了名师工作室的理论研究与实践水平

课题组成员，参加课题以来，经常撰写论文、编写各类教学资料以及开展其他课题研究，在一定程度上提升了名师工作室成员的研究理论水平，加强了自身的理论研究。在此基础上，课题组成员发表了一系列专著与论文，并取得了丰硕的成果。主要成果如下：

1. 课题组成员发表的著作、论文

作为主持人，我编写了《校本课程纲要》。王柱根老师主编了《中考研究·历史》一书，该书经湖南师范大学出版社出版，他还在《中学历史教学参考》第447期发表了《落实立德树人、关注核心素养》、在《湖南教育》发表了《初中历史课堂如何培养学生自信》、在《十几岁》杂志上发表了《皇帝的餐桌》《藏在文物里的深情》《能工巧匠的巅峰对决》《寻找“北京人”》《皇帝“礼佛”也疯狂》等一系列论文，在《中学教学》上发表了《新课程新理念新中考下初三复习漫谈》。

2. 课题组成员撰写的获奖论文

我撰写的论文《九年级抽考历史试题分析及2020年中考备考方略》及《农村初中学校教育教学研究调研报告》在邵阳市初中毕业学业评价培训会上荣获

一等奖。陈湘民老师的论文《巧用微课提升历史中考复习效率》在邵阳市初中毕业学业评价培训会上荣获一等奖。钟娟老师的论文《模考历史试题分析与评价》在邵阳市初中毕业学业评价培训会上荣获一等奖。罗小春老师的论文《浅谈中考历史的复习》在邵阳市初中毕业学业评价培训会上荣获一等奖，《浅谈初三历史的复习方法与技巧》在湖南省教育教学论文评比中荣获优秀奖。

3. 课题组成员开展的子课题及其成果

在进行此课题的同时，课题组成员还申报了一系列的配套课题，作为本课题的分支课题，开展研究，分别结题并获得较好的研究成果。我主持的“初中历史翻转教学中的移动学习资源建设与应用”课题荣获邵阳市第五届教育教学成果二等奖。我和王柱根老师等人申请的湖南省2018年度教育信息技术一般课题“部编新教材微课资源开发及应用研究”荣获优秀奖。王柱根老师申报的长沙市教育科学规划的课题“初中历史重难点内容微课制作及应用研究”荣获2020年长沙市教育科学研究优秀成果一等奖。王柱根老师等人荣获“友谊教育科研优秀成果二级二等奖”。贺立军老师的永州市教育局专项重点课题“永州市‘向日葵工程’资源研发与应用研究（八）”在2021年7月被评为优秀课题。

（二）提高了参与课题研究教师的教学理论与实践水平

工作室通过部编教材培训、研讨会等活动，以及开展的一系列讲座，挖掘了工作室成员们教学研究的潜力，锻炼了他们对教材的把控能力，提升了他们教学理论的水平；通过命题、研讨课和示范课、集体备课等一系列教学活动不断提高了工作室教师实践水平。

1. 开展了讲座、研讨课、示范课、集体备课、命题活动

2020年8月，我在下花桥镇与金江乡教师培训活动中，分别做了《做有幸福感的老师》《农村地区，我们怎样来做教育》讲座。2019年9月，我在“国培计划”——中方县“送教活动”中做了《恰当运用史料融入历史教学》的讲座，在蔡桥乡教师培训活动中，做了《“双减”背景下农村地区教育突围策略》讲座。

2021年11月，王柱根老师在“国培计划”省级初中历史骨干教师工作坊集中研修活动中，做了《“双减”政策的作业布置与课堂提质》《素养导向下初中历史高效课堂构建》讲座，又在湖南省2021年普通高中新课程新教材历史学科省级骨干教师的培训活动中，做了《观摩西方的文官制度学习体会》讲座。

2020年4月，钟娟老师在邵阳市2020年初中毕业学业评价培训会上执教题为《2020年中考历史专题复习之战“疫”说“史”》观摩示范课。2021年10月钟娟老师在“国培计划”2021年邵阳县初中骨干教师工作坊线下集中研修活动中做了《时空观念核心素养的教学体会》讲座。

王柱根老师团队以“北宋的政治”“五四运动”“隋唐制度的变化与创新第1课时（选官制度与三省六部制）”为题，分别于2018年、2019年、2020年参加了湖南省中小学教师信息技术与学科教学深度融合在线集体备课大赛。

在示范课上，王柱根老师在“湖南省教科院送平江县暨三阳中学2021年教学开放日”活动中执教题为《开辟新航路》示范课。钟娟老师在2020年邵阳县校本研修项目中上了题为《心之所向，未来可期——长阳铺中心2020校本研修工作总结》展示课。蒋韶辉教师在2021年湖南省中学历史课堂教学展示与观摩研讨活动中上了题为《中世纪城市和大学的兴起》示范课。

在历史学科命题上，我在2020年邵阳县初中学业水平模考中被聘任为历史学科命题教师，在2020年邵阳县秋季七年级期末检测中被聘任为历史学科命题教师，在2021年邵阳县初中学业水平模考中被聘任为历史学科命题教师，在2022年邵阳县初中学业水平适应性考试中被聘任为历史学科命题教师。贺立军老师在2021年下学期永州市零陵区义务教育阶段检测考试中被聘任为命题教师。

2. 在教学比赛、集体备课大赛、示范课等专业领域中取得了丰硕的成果

在上述活动的开展中，工作室在教学比赛、集体备课大赛、示范课等专业领域中取得了丰硕的成果。这也可以更好地发挥名师工作室对湘西南地区初中历史教师专业发展的引领作用。

（1）教学比赛成绩。

① 我执教的《中考专题复习中国特色社会主义道路》在全市中小学优质视频课中荣获一等奖。

② 王柱根老师在“小鹿听课”平台领衔制作的《中考冲刺专题复习——历史视频课》系列，深受好评。

③ 陈湘民老师的《从“贞观之治”到“开元盛世”》在全市中小学优质视

频课中荣获三等奖。

④ 肖海春老师执教的《中国开始沦为半殖民地半封建社会》在2018年邵阳市中学历史教学竞赛活动中荣获二等奖。

⑤ 肖海春老师执教的《第1课　隋朝的统一与灭亡》在全市中小学优质视频课中荣获一等奖。

（2）集体备课大赛成绩。

① 王柱根老师的“北宋的政治”被评为2018年湖南省中小学教师信息技术与学科教学深度融合在线集体备课大赛的特等奖、长沙市2020年度“一师一优课、一课一名师”活动市级优课、湖南省2020年度“一师一优课、一课一名师”省级优课。

② 王柱根老师团队的“五四运动”在2019年湖南省中小学教师信息技术与学科教学深度融合在线集体备课大赛中荣获一等奖。

③ 王柱根老师团队的“隋唐制度的变化与创新第1课时（选官制度与三省六部制）”在2020年湖南省中小学教师信息技术与学科教学深度融合在线集体备课大赛中荣获一等奖。

（3）示范课成绩。

① 王柱根老师在“湖南省教科院送平江县暨三阳中学2021年教学开放日”活动中执教的《开辟新航路》被评为优质示范课。

② 钟娟老师的《心之所向，未来可期——长阳铺中心学校2020校本研修工作总结》被评为优秀展示课。

（4）专家评委情况。

① 我被聘为2020年度“一师一优课、一课一名师”省级优课评审专家，被聘为“国培计划（2019）”——中方县“送教培训”初中历史学科指导专家。

② 王柱根老师被聘为湖南省2021年义务教育优秀教学案例征集遴选活动初中历史学科评审专家；被聘为2021年度长沙市中小学教师系列高级职称评审委员会评委。

③ 贺立军老师被聘为永州市零陵区2021年教育科研论文评审评委。

④ 肖小春老师被评为洞口县初中历史骨干老师。

（三）提升工作室的网络教学理论与实践操作能力

在教育信息化发展的大背景下，以及受新冠疫情的影响，网络教学成了必不可少的教学手段。在课题的研究中，工作室采用了网络教学的形式，开设了“咱们的历史课”“和你一起学历史”两个微信公众号。自公众号创建以来，工作室利用此平台，及时更新与整个初中教学阶段相关的历史课件、教学设计以及大量的中考复习资源。截至目前，公众号的资源浏览量达6000多人，主要来自邵阳、永州、怀化等湘西南地区的初中历史教师。这些共享资源，让湘西南地区的历史老师们更加便捷地获取相关资料，不仅丰富了他们课堂教学的内容，并且将网络和教学紧密相连，拉近了学生和他们课堂的距离，极大地提高了学生的学习效率。

除此之外，工作室还开展了“停课不停学”的活动。此次活动的开展，不仅更新了工作室成员的教学理念，提升了教师们运用网络教学的能力，还提高了教师对信息技术与学科深度融合的能力。

在名师前辈的带领下和工作室成员们的辛苦付出下，经过反复地修改和操作，我们开展的网络教学活动，取得了一系列的成果。

（1）2020年，我和王柱根老师等在防控新冠疫情过程中，响应教育部“停课不停学”的号召，以“和你一起学历史”公众号为平台，以部编历史教材为依据，开发了一系列网络课程，供学生自主学习，并开展网上答疑活动，获得湖南省中学历史教学研究专业委员会颁发的表彰证书。

（2）罗小春老师在2020年洞口县中小学春季“停课不停学”网络教学活动中，被评为网络教学工作先进个人。

（3）由我执教的《中考专题复习中国特色社会主义道路》在全市中小学优质视频课征集和评比活动中荣获一等奖。

（4）贺立军老师在2018年湖南省中小学教师信息技术与学科教学深度融合在线集体备课大赛中，参赛的教学设计与优质公开课作品《东欧社会主义国家的改革和演变》荣获一等奖。

（5）钟娟老师的《安史之乱与唐朝衰亡》在全市中小学优质视频课征集和评比活动中荣获一等奖。

（6）陈湘民老师的《从“贞观之治”到“开元盛世”》在全市中小学优质视频课征集和评比活动中荣获三等奖。

（7）肖海春老师执教的《第1课　隋朝的统一与灭亡》在全市中小学优质视频课中荣获一等奖。

（四）名师工作室的辐射，普遍提升了湘西南地区教师的教学理论水平与教学实践能力

1. 撰写的论文成果

在王柱根、贺立军等指导下，受辐射的老师也积极发挥自己的主观能动性，撰写了一批质量较高且有实用价值的论文，提升了湘西南地区初中历史教师的教学理论水平。

2. 撰写的教学设计成果

在工作室开展的教学设计、送教、研讨示范课、师徒结对等一系列活动的带动下，湘西南地区初中历史教师撰写了一批参考价值较高的教学设计，提升了湘西南地区初中历史教师的教学实践能力。撰写的教学设计主要有：

（1）艾婕妤的《秦末农民大起义》。

（2）艾九森的《明朝的灭亡》。

（3）简恩娜的《中国境内早期人类的代表——北京人》。

（4）蒋银艳的《青铜器与甲骨文》。

（5）李凯的《明朝的统治》。

（6）刘海的《三国鼎立》。

（7）刘玲的《西汉建立和“文景之治”》。

（8）刘梦秋的《东晋南朝时期江南地区的开发》。

（9）刘沁冰的《盛唐气象》。

（10）刘世君的《统一多民族国家的巩固和发展》。

（11）刘香丽的《宋元时期的科技与中外交通》。

（12）刘小兵的《明朝的对外关系》。

（13）刘振的《原始农耕生活》。

（14）吕温的《辽、西夏与北宋的并立》。

（15）莫华强的《隋朝的统一与灭亡》。

（16）彭美富的《汉武帝巩固大一统王朝》。

（17）石来成的《远古的传说》。

（18）唐道华的《元朝的统治》。

（19）唐倪的《两汉的科技与文化》。

（20）唐小松的《魏晋南北朝的科技与文化》。

（21）田建蓉的《秦统一中国》。

（22）伍争的《金与南宋的对峙》。

（23）肖芳艳的《蒙古族的兴起与元朝的建立》。

（24）肖建刚的《夏商周的更替》。

（25）肖腾腾的《安史之乱与唐朝衰亡》。

（26）徐松林的《东汉的兴衰》。

（27）颜利民的《明朝的科技、建筑与文学》。

3. 获奖情况

课题组成员，指导部分湘西南地区初中历史教师参加各种教学比赛，取得了优异成绩。主要获奖成绩有：

（1）在我的指导下，蒋韶辉老师的初中历史《中世纪城市和大学的兴起》教学案例在2021年湖南省义务教育优秀教学案例征集遴选活动中，荣获“优秀教学案例”称号。

（2）在我的指导下，易文丽的《夏商周时期：早期国家与社会变革》在2018年湖南省中学历史教学竞赛中，荣获三等奖。

（3）在王柱根等老师的指导下，王尹伊老师执教的《黄埔军校》在2017年湖南省中学历史竞赛中荣获一等奖。

（4）在我的指导下，钟娟老师在2020年邵阳县中小学思想政治、道德与法治等14个学科教师教学竞赛决赛活动中荣获一等奖。

（5）在我的指导下，钟娟老师在2020年长阳铺中心学校开展的“搭建研修平台，激发教师活力”历史赛课活动中，荣获特等奖。

（6）在我的指导下，粟荣华老师的教学案例在2021年邵阳市义务教育优秀教学案例征集遴选活动中，获评优秀教学案例。

（7）在王柱根等老师的指导下，孙赛男老师在2021年湖南省义务教育优秀教学案例征集遴选活动中提交的《从九一八事变到西安事变》获评优秀教学案例称号。

4. 活动开展

在工作室开展的一系列活动的影响下，湘西南地区的教师结合本地人文历史及学生情况开展了一系列妙趣横生的历史活动，不仅能激发学生学习历史的兴趣，更能加深学生对历史的理解，拉近学生与历史的距离。主要活动有：

（1）长阳铺镇中学253班开展的“让我们共同感受历史”活动，带领学生从家谱着手，从身边的“蔡锷故居”“魏源故居”“胡曾之墓”出发，感悟身边的历史，品读古人的家国精神，塑造学生正确的人生观、价值观、历史观。

（2）观看历史电影活动。在活动中，老师组织学生们观看了《台儿庄战役》，并让学生将自己的人生感悟写成观后感。学生观后收获颇丰，深受洗礼，胡若水、高敏、吴曦同学的作品更是有自己独特的感悟。他们作为祖国建设的接班人，认识到了自己的责任和义务。

（3）历史小论文活动。活动的开展，不仅加强了学生学以致用的能力，更让老师们认识到，在平时教学中真正做到以学生为主体，使学生通过阅读历史材料，感受“论从史出，史由证来”的历史魅力。

（4）历史文物仿制活动。在活动开展的过程中，学生查阅了大量的历史资料，拓展了了解历史的途径，也加深了对历史的理解，把远离时空的书面知识理解得更深透。

（5）学生思维导图活动。2020年11月9日，在工作室的组织下，邵阳县初中历史教师在芙蓉学校开展了主题为“体现时空观念的学生手绘思维导图作品展示”的集中研修活动，来自全县45所初中学校的一线历史教师参加了此次活动。这次活动，加强了学生的时空观念，锻炼了学生的历史思维能力，帮助学生更有效地记忆历史知识；除此之外，还加强了众多参与研讨老师的时空观念意识。

（6）历史辩论会活动，辩论会的成功举行需要同学们的通力协作。因此，教师广泛发动学生查找、搜集资料。写作水平高的学生就负责辩论稿的撰写，口才表达能力强的学生就成为辩手，综合素质好的学生做主持人……他们各扬所长、相互配合，加强了集体协作精神和集体荣誉感。

九、研究成果分析

工作室作为一种集教育教学和历史教学实践研究为一体的教研共同体，不仅为名师自身的发展提供了空间，更为其他普通教师的成长与发展提供了有利的平台，成为促进湘西南地区教师专业发展的一种途径。工作室不仅开展了教育教学实践、观课摩课的经验吸收借鉴等外部实战活动，还进行了教师的自我反思、自我学习等内部探究活动，有效地促进了中学历史教师的专业发展。除此之外，工作室还组织学生开展了丰富多彩的历史活动，这有利于实现教学、教师、学生发展的共赢。课题的开展，扩大了工作室对湘西南地区教师的影响力。具体表现如下：

（一）通过建立资源共享平台，开展成果展示

工作室系统地建立了有本工作室特色的教育教学资源库，建立了自己的特色网站或专题网页，使之成为工作动态发布、成果辐射推广和资源生成整合的中心，实现了优质教育教学资源的共享，并运用工作室成员提供的资源在网站的点击量、质量及呈现的效果作为评估工作室成员的指标之一。

工作室还开通了微信公众号，设置了教研动态、教学设计、课题研究、时政热帖、闲情雅趣、友情链接等栏目，扩大成员视野，把工作室建成湘西南地区教师增长知识、提升能力和服务教学的园地。

（二）开展送教下乡、集体备课、教研等活动，不断提高工作室的知名度

《国家中长期教育改革和发展规划纲要》强调要推进教育的公平，在影响教育公平的诸多因素中，教师是最为核心的，区域、学校间教育发展的最大差距是师资水平。如何缩小师资水平差距，同时避免大规模的教师流动所引发的负面效应，成为当前推进教育公平和教育均衡发展的最大挑战。组建名师工作室，通过名校的名师们带领农村地区、薄弱学校的教师提高教育教学水平，是有效推进教育均衡发展的新举措。

工作室充分利用自身的名师资源，不断开展送教下乡活动。这种“走出去”的活动集教学、科研和培训于一体，在实践中可以极大地增长学员的能力和见识，既发挥了名师工作室的辐射作用，又在辐射中提高了名师工作室对外影响力及学员的知名度。

同时，工作室开展“部编教材与教学研究活动”，名师们开设讲座，发表自己对新教材的看法。这让湘西南地区的初中历史老师对教材有了更深层次的理解，探索出了部编教材与本土教育资源相结合的教学模式，调动学生的学习积极性，也扩展了课堂教学的内容。

除此之外，工作室还积极开展成果展示活动，宣传和推广研究成果，如组织师徒结对、主题观摩、专题汇报等活动，不断扩大影响力，吸引更多的人员关注或参与，形成工作室内外互动的研究局面。

（三）以课题研究提高教师科研水平

中小学名师工作室作为一个学术共同体，其主要任务是通过开展课题或专题研究解决教育教学实践中的问题，为教学服务，为学生的发展与成长服务。而要开展研究，每一个教师都需要学习教育教学理论，对教育教学中发生的各种教育现象进行细心地观察与思考，对课内、课外所存在的或发生的教育事件进行认真地审视与分析，对以往的教育教学经验、失误进行积极的梳理与总结，对教育教学规律进行理性的探索与把握。在这个过程中，名师工作室的每一位教师都会在导师的指导下学会如何选题、找准研究的切入点和突破口，如何设计研究方案、优化研究程序和研究方法，如何分析实验数据，揭示内在的机理和规律，如何撰写结题报告，凝练课题成果和经验等。

此外，在教育教学研究中，工作室各成员也会通过相互学习、相互研究、相互启发、相互补充，实现思维、智慧的碰撞，完善知识结构，增强实践能力，产生新的智慧和新的思想。而有了专家的纵向引领，有了成员间的横向交流，教师的科研视域就会在导师的指导下和与同伴的互动中日渐开阔，科研水平就会在实践中得以进一步提高，从而成为新课程的研究者和创生者。

工作室还切实加强对过程与结果的考核，要求每个成员都撰写出一定数量的与课题研究相关的高质量论文或专著，做到从制度上保证工作室成员在开展课题研究时不断吸收、发展、壮大，带动、影响一批教师的成长，从而产生辐射作用。

以上只是湘西南地区教师受到“名师工作室”辐射的一个缩影。“名师工作室”工作更多是“润物细无声”的。通过课题的开展，湘西南地区的教师在工作室的带动下，立足本土有限的教育资源，利用各种平台加速成长，多多学习和借鉴他人的优秀经验，未来他们将走得更远，路越走越宽，教育也定会发展得越来越好，一定会摆脱“教育贫困”的境地。

十、课题研究存在的主要问题

通过近三年来的研究、实践和积累，课题组充分发挥名师工作室的引领作用，建立了平台，分享了大量的历史资源。这些资源对湘西南地区的教学起到了良好的辅助作用，极大地提高了老师备课的质量和课堂教学的效率。课题组还对研究和实践进行了总结，形成了理论成果，撰写了课题研究报告和结题报告。由于水平有限，研究的时间有限，许多理论问题和实践问题还有待进一步深入研究。例如：

（1）如何更好地利用工作室的影响提升湘西南地区历史教师的网络教学理论与实践水平？

（2）如何延伸工作室对湘西南地区教师的影响力？

（3）如何更好地发挥工作室的辐射作用？

（4）如何进一步提升整个湘西南地区学生对历史的兴趣？

对于这些问题，我们还需要进一步地实践、探索。对此，课题组在今后的工作中将继续探索，在探索中不断地改进、完善。

2022年4月

争鸣：会当凌绝顶，一览众山小

《答南诏牒》译文

南诏国的文书放置于木夹之中，从万里之外的南诏传递而来。文书一送到大唐，我国就拆开信笺恭敬诵读。文书辞藻华丽，赞颂修饰的地方过多。南诏国确实是新始拓宽边镇，刚刚确立国界，实在是令人欣慰。暂且按照北朝的旧礼仪，不了解彼国的新制度，不知道鹤拓这个地方，只承认有苴咩。若不称呼南诏的旧名，怎么能显示出大国的威名？

要想减少损耗，应该做事适当。大唐继承先王德行风化，圣上恩德广布，使南部部落折服屈膝，竞相来朝，进贡毛毡貂裘。原来是让你们深刻理解并且深入研究圣上的雄韬伟略，恩泽远播天竺。臣服的南诏国竟然侵犯我华夏领土，这难道可以吗？如果说我朝的皇帝、臣子有负于南诏国，考虑到彼国理直我国理屈，上天都会降罪于我国。所以南诏陈上木夹保存的文书畅诉胸怀，等到文书审批核实，查明误会源于囚徒的小事，释放囚徒使他们回到彼国（就能化干戈为玉帛了）。误会始于小的怨愤，最终发展成如此深仇，南诏吞噬我国的郎宁，处于交趾地区，夺取我国越隽，侵犯蜀州，如果东门再报战事，就达到四次侵犯。处于地域中部的事物尊贵，处在边缘的地位卑下。这就像众星拱卫北辰星，百川汇集于东海，天地的规律况且不能违背，何况人事呢？我国居于天的中心位置，处在陆地的腹部，四面八方没有不随从附和的，就像北辰和东海的地位一样。明确地知道土地山河归附于有德行的君主，但是有德也还要等待时机，如果没有恰当的时机，怎么能够轻举妄动？您博识多闻，难道不知道这个道理吗？以前王莽不识天时，苻坚知历法，狂妄地依靠强兵，与皇帝争夺天下。王莽率领百万精锐来袭击后汉，光武帝凭借五千兵马，在昆阳击败王莽。苻坚调动六十万兵马袭击东晋，谢玄仅靠八千士卒大败苻坚于寿春。这难道不是逆天而行的结果吗？国富兵强，不足以用来依靠。周王在岐山杖棰，汉主在泗水脱离贫困，我朝高祖在陇州起兵，料想您只知其一不知其二，只看到表面没有看到预兆。周王遇到暴虐的纣王，微子离开他，比干自剖其心，箕子被他当作奴隶，民不聊生。所以武王举起义旗当众宣誓，一次起义就灭掉了商纣的原因是上天要灭殷使周朝兴盛。我朝的圣上宵衣旰食，继承尧舜明君的风范，各个诸侯国臣服，百姓归顺。天下有人比周王更加圣明，有臣子如姬旦、吕望的吗？汉祖适逢秦皇无道暴虐，焚烧诗书，坑害贤儒，建长城，造阿房宫，生灵涂炭。所以陈胜一呼百应，汉祖入主中原，五星汇集，是因为天要灭秦兴汉。我朝的圣上崇尚诗书，任用贤哲，减少土木，体恤黎民，天下有德行胜过汉祖，有臣子如韩信、张良的吗？我朝高祖碰到隋炀帝荒淫，穷尽百姓的资产作为巡游的资粮，残害贤良，与后母乱伦，泛游辽海，开凿汴河，每年东征西伐，庶民处于水深火热之中。所以高祖顺应天地，囊括四海，原来是天要灭隋兴唐呀。现在我朝圣上淡薄寻欢作乐，杜绝巡游，依赖器重贤才，求得良相，皇天赞叹，国人拥戴。天下有人雄才伟略如唐祖，有臣子如敬德、玄龄的吗？

我师出名门，平常熟读兵书，又掌管军队的纪律，本来就知道行兵打仗的时机，奉召镇压三巴反贼安抚百姓，很少用武力。如果达不到目的，就需要整饬武备了。况且蜀地幅员辽阔广达千里，郡县有50个，百姓、士卒众多。以前的军队都是由儒生组成，只是遵守太平世道的规矩；虽然能够分担平常的忧愁，但是不会战斗。之所以你们能够长驱直入，是因为我国没有防备啊。我教会百姓三令的命令，入阵的方法，击鼓时候进军，钲响时候退兵，同甘共苦，进退统一，情同手足；使百姓家家藏有盔甲衣胄，户户储备兵器，赏罚分明，公私并行。既然知道兵法，就可以取得胜利。况且你们国家自从长庆以来，杀害孩子的父亲，使他们变成孤儿；掠夺他们的妻子，使他们变成鳏夫；焚烧百姓的庐舍，践踏他们的庄稼，使蜀人心生怨恨。我趁着百姓的怨愤之势，向他们展示抱怨的方法，依仗着宗庙的保佑，统帅华夏的精锐，就像顺水行舟，下坡推车，（胜负易知）难道还要费心吗？

我官拜宰相，位居伯侯，披坚执锐。即使不用渡河焚舟，决一死战，与普通平常的国家储备（比较起来），你们国家将帅是强还是弱？国家是强盛还是贫困？可以估量得到，何须询问呢？况且大唐之外，舟车达不到，圣人言论传播不了。你们国家在没有圣人教育，交通不便的地方，纵然君主号称英明，臣子自称贤良，也如同独龙在街上显摆，只可以照亮一块地方。春雷滚动不过到达百里之外，不能得到上天的赞助，（想要获得胜利）谈何容易！天下有五个暴虐的君主，遇见这样的人（起义）才可以昌盛。你们国家纵使有道略，并没有遇见五个暴君似的君王，就想要冲破函谷关，夺取晋阳城，多么的荒谬啊！五个暴君是：夏桀搜捕于四海，殷汤行帝王之仁德，是用仁德来铲除暴虐啊；殷纣王残杀百姓，周文王埋葬枯骨，是用仁德来消灭残暴啊；齐国赋税繁重，鲁国轻徭薄赋，是用恩德来取代寡恩啊；项羽杀死义帝，汉高祖表示哀悼，是用义举来推翻不义啊；陈后主骄纵奢侈，隋文帝恭敬节约，是用道义来结束不得道啊。能够碰上像这五位暴君一样的君主，兼有韬略，才可以窥伺别人的山河，图谋别人的江山。我朝没有这五种失误，但是你们国家徒自打算，由此可知，兴亡之事可以借鉴了。何必劳烦你国远离国土（征战），才知道安危；长久地学习兵法，才知道胜负之数。要求我们国家一再地宽容，但是你们又不打算和解，回复荒谬，多么地乖戾啊！交趾丢失，就可以知道人事，新都失去控制，就可以窥见天时。若是上天显圣，百川不流入东海，众星不拱卫北辰，便希望你们国家与我国分庭抗礼。如果没有这样，怎么能够图谋改变政权？以前管仲入周朝，不接受上卿的礼仪，苏武在外族，没有损害中国的礼仪，事情都有一定的规律，现在很难改变。况且小国不向大国臣服，必将遭受天谴。你国傲慢我国谦逊，何须担忧不引起众怒，（只待我国）训练士卒，调集粮草，召集悲愤的民众，渡江会战，一定会像齐鲁峡谷之战、秦赵渑池之战（胜负已分）。即便是行人，也知道这个道理。

皇帝已经拟好圣旨，前面已经说得很清楚了，我就不必多谈什么了，唯恐你们不听劝告。谨上此文书。

（胡曾，约839年—？，晚唐邵州长阳铺秋田村人，今属湖南省邵阳县长阳铺镇秋田村。胡曾担任剑南节度使路岩的幕僚时，一纸檄文《答南诏牒》，大气磅礴，字字千兵，令南诏俯首、骠信称臣。《答南诏牒》原文见《大理志》。）

2011年11月

良渚文化传递了什么信息

关于良渚文化的介绍及代表良渚文化的玉琮、玉钺、玉璧、良渚刻符罐等典型器物图片，进入了部编《中国历史》七年级上册教科书。这些雕琢细腻、十分精美的器物，向人们昭示了一个历史事实：良渚出现了国家雏形，良渚升起了中华文明的曙光，良渚是中华民族和东方文明的圣地。

中华文明上下五千年，这个传统的说法，按现有初中历史教材，是从黄帝炎帝传说算起的。但传说终归缺乏考古实证，良渚文化，与炎黄传说和尧舜禹传说系同一时期，丰富了中华文明史源头的实证。

玉璧礼天，财权象征

有关“浑圆像天，素面无纹”玉璧的象征意义的认识，主要有“圆天象征说”和“财富象征说”两种。《周礼·春官·大宗伯》有“以苍璧礼天”的记载，东汉的郑玄也认为，将璧做成圆形，意为“天圆”，表示玉璧主人的权力是上承天意。从这个意义上讲，良渚玉璧是一种更趋神化了的权力的象征物，通过玉璧表达出神秘天空的庄重与大美。也有学者认为，良渚玉璧以量取胜，应是墓主财富的象征。良渚发掘的简报曾提出了“玉璧财富象征说”的观点。这两种象征功能虽然在良渚文化中尚缺乏考古学的有力依据，但却指向了国家的神权或财政权。

玉琮礼地，镇国宝鼎

有关“内圆外方”玉琮的象征意义，有“黄琮礼地说”和“权势说”等说法。《周礼·春官·大宗伯》记载：“以黄琮礼地。”将玉琮做成方形，意为“地方”，既表达大地的厚重，也表示人们对大地的崇敬。良渚先民通过玉琮祭祀苍茫大地，以求避凶驱鬼，遇难成祥。也有学者认为，玉琮更是权势的象征，是良渚“权贵圈”通行的权力名片，这与后世的“镇国宝鼎”类似。从良渚发掘现场可以看到，墓主身份越显赫，殉葬品中的琮就越多，似乎要显示生前的一切，说明墓主生前拥有的特权身份：既占有财富，拥有妻妾，又可杀殉奴隶，应是当时的显贵者、军事首领，或者就是最早的奴隶主。玉琮上那特有的“神人兽面纹”的纹饰形象，为玉琮带有明显的权力意味提供了有力的支持。

玉钺征蛮，军权重杖

“钺”脱胎于“斧”，“石斧”为生产工具，而“玉钺”则为军事统帅权的象征物。西周时代的虢季子白盘铭文说，“赐用弓彤矢，其央；赐用戉，用政蛮方”。说明玉钺是天子赐予诸侯的军事统帅权的象征物。在良渚文化时期的大型墓葬中，玉钺往往放置在墓主身体比较显著的位置，反映玉钺是首领手中的“权杖”，是军事权力的象征。

刻符罐上，刻有天书

良渚遗址出土的刻符罐上，共刻有亦图亦文12个符号。符号在传达什么，有没有特殊的含义呢？有人认为这些符号是表意画，有人认为它是原始的象形文字；有一些符号看起来和甲骨文很像。中国社会科学院历史研究所研究员、古文字学家李学勤曾对陶罐上的符号做出了释读，认为是“朱旗践石，网虎石封”八个字，记录了一次人捕虎的经历。良渚博物院的夏勇先生介绍说：“到目前为止，共整理收集良渚文化的刻符608个。”但限于条件，解读良渚先民留给我们的这些“天书”，只能寄希望于有明确出土信息的同类刻符的更多发现。它如果是文字，那比甲骨文早。如果成功解读，我们便能伴着先民的智慧追溯良渚灿烂的文明之光。

有了财权、王权、军权的良渚，和其刻符罐上的“天书”，证实了中华文明上下五千年的历史。毋庸讳言，多年以来，学术界对良渚文化是否已迈入文明阶段一直多有争论，其原因主要在于对文明的标准纠缠不清。或者，需要我们更深入地对良渚遗址进行考古论证。

2017年9月15日

说标语口号中的历史

“宁吃一载苦，不留终生憾！”

“信心来自实力，实力来自勤奋！”

好响亮的横幅标语，挂在了学校毕业班的教室里，瞬间烘托了冲刺、拼搏、迎接升学考试的氛围，校长高兴地笑开了：“两条横幅挂上去，气氛还是不一样。”班主任也笑了：“直让我想起自己高三那段峥嵘岁月了。”

标语口号，既贴切恰当又活泼形象，既要言不烦又朗朗上口，备受国人青睐，发展到今天，已经颇有中国特色了，与国人的生活不可分开。我们都生活在标语、口号的环境中，在标语口号的耳濡目染中长大，试问有几个没有被“好好学习、天天向上”之类的劝学标语“潜移默化”过？

追溯古代中国出现的标语口号，表达社会底层的强烈要求和愿望的，最有代表性。早在夏朝就有反桀的口号“时日曷丧，予及汝偕亡”，喊出了夏朝版的“舍得一身剐，敢把皇帝拉下马”的英雄气概。秦末大泽乡起义打出的“王侯将相，宁有种乎？”口号，意义更不一般！有点像毛泽东提出的“枪杆子里出政权”的味道，直将“王侯将相的权力不是DNA产品”的道理，告诉了平民百姓。

这些口号无不反映出，不同历史时期，民众发出“民不聊生，官逼民反”的诉求，振聋发聩、鼓舞人心。

寥寥数字的标语口号，往往折射着时代的精神，承载着人们的诉求。中国近代史，作为中华民族一段屈辱和抗争的历史，它也牢牢地刻印在近代出现的标语口号中。

不管是魏源的“师夷长技以制夷”、洋务派的“中学为体，西学为用”、义和团的“扶清灭洋”，还是资产阶级革命派的“驱除鞑虏，恢复中华，建立民国，平均地权”、新文化运动的“要拥护德先生和赛先生”，无不说明中华人民为探寻救国救民之路，前赴后继、英勇无畏。

五四运动提出的“外争国权，内惩国贼”“废除二十一条”“拒绝在和约上签字”，孙中山遗嘱的“革命尚未成功，同志仍须努力”，毛泽东提出的“星星之火，可以燎原”，抗战时喊出的“停止内战，一致对外”，内战时毛泽东论述的“一切反动派都是纸老虎”等都发出了时代的最强音，无数次地鼓舞一代又一代中国人为民族解放、国家独立而奋斗。

中华人民共和国成立至今数十年，也是“标语口号文化”变化的数十年。透过中华人民共和国成立以来的标语口号，便能够窥见新中国社会的变迁。

现在，“同一个世界，同一个梦想”“加快城市转型，促进科学发展”“环境好一点，心情美一天”“我运动，我快乐”……随着人民的生活实现了由贫穷到温饱，再到整体小康的跨越式转变，这些关注民生、关注梦想的标语口号，如雨后春笋般冒出来，成为新时代标语口号的主流。一个开放、自由、活力、强盛、自信的中国，在一定程度上体现在这短小精致的标语口号中。

不经意间，某乡村墙体标语“一对夫妻只生一个好”被涂掉，刷上了最新生育政策的新标语。你是否发现，身边的70后、80后们好一阵激动?

的确，标语口号在一定程度上是一个时代的缩影，从它的变化中，我们可以清楚地窥见时代的变迁。从标语口号里解读历史，不失为学历史的一种好方法。

2017年10月3日

事件原来是这样的

一、“印度”的名称

从“天竺”“身毒”到“印度”，作为中国的邻国，印度的名称是怎样来的？几个同事向我问起来。这是个有意思的问题，我从来没有关注过，便和他们一起探索起来了，发现了其中的奥妙。

印度名称的由来与印度河梵文Sindhu有关。

至少在西汉时期，国人就已经知道印度之名，但对印度的称谓众多，杂乱不一，有身毒、天毒、天竺、贤豆、捐毒、印都等，如《史记·大宛传》中称为“身毒”，《山海经》里称为“天毒国”，《汉书》中称为“身毒”，《后汉书·西域传》中称为“天竺”。

显然，这些名称都是印度河梵文Sindhu的音译，只是不同时代或不同译者选用了不同的汉字，但在读音上却是十分接近的。多读几遍“身毒”“印度”和“天竺”，你就会发现，它们的读音十分相近。

印度名称的由来还与玄奘西游天竺有关。

唐朝初年，国人称印度为“天竺”，也有“贤豆”“身毒”的叫法。这些用字杂乱且缺乏美感的译名一直被国人使用，直到玄奘西游天竺后才被改变。他在《大唐西域记》卷二《印度总述·释名》中说：“详夫天竺之称，异议纠纷，旧云身毒，或曰贤豆，今从正音，宜云印度。”最终确立了“印度”的译名。

印度英文名称的由来也与印度河梵文Sindhu有关。

据说紧邻印度的波斯人在说Sindhu时，对其首字母S发音困难，且无送气浊辅音dh，遂将Sindhu讹读为Hindu。在波斯人与希腊人的交往中，将Hindu一词传入希腊，希腊人又省略了送气音H，讹读为Indu和Indus。英国殖民者来到印度后，按照希腊人的读法，将Indus演称为India，确定了印度的英文名称。

二、隋朝的灭亡

新学期伊始，各学校七年级相继教授“隋朝的兴衰和唐朝的建立”一课。隆回司门前的一位老师网上查阅“皮日休诗中‘尽道隋于为此河’，你同意这种看法吗？”的问题，发现网上提供的解答，竟众说纷纭，观点不一，如“不同意，大运河是利在千秋的工程”“大运河间接导致了隋末的农民起义”“农民起义不是造成隋灭亡的主要原因”“周和隋的建立都依赖于八柱国代表的陇西贵族”……这让他不知所措，最令他费解的“优质解答”中，当数“根本原因是隋朝的发展损害了世家大族的利益，世家大族的背叛才是隋朝灭亡的根本原因”。

的确，隋朝顷刻之间灭亡了，许多人都在探讨其原因。仁者智者所见各不相同，至今不见意见趋同，而有些观点确实耐人寻味。

不容置疑的是，隋朝断送于隋炀帝的暴政，这是唐代君臣与史学家一致的看法。

但确实有人认为隋朝速亡是统治集团内部矛盾加剧造成的。

持这种观点者指出，统治阶级内部矛盾十分剧烈，削弱了统治阶级的力量，促进了阶级矛盾的发展。庶族地主与士族地主势力的消长，以隋中央政权为首的关陇地区地主集团与齐、陈旧境失势士族地主之间的矛盾日益尖锐，以及炀帝即位后加剧了阶级矛盾和统治集团内部矛盾，都是造成隋朝短祚的原因。

一些人认为由于隋朝是通过宫廷政变的形式夺取政权的，所以确认隋为正统的思想观念并未成为社会群众的一般心理，尤其在地主阶级内部，不少人认为隋朝是篡周而立的，当他们的利益不能得到满足时，就相互勾结，反对隋政权。

而隋炀帝改变了关中本位政策，科举用人，尤其是更多地重用南朝境地的人，引起北方权贵的不满和反抗，在统治集团内部形成南北朝臣的对立和斗争，这也加速了隋朝的灭亡。

2018年3月15—20日

元朝民族分化政策没有影响民族融合

元朝实行民族分化政策，但元朝又出现了民族融合，形成了新的民族——“回族”。这对矛盾体的存在，让许多基层历史教师和广大学生难以理解。

一、元朝的民族分化政策很模糊

元朝政府按照先后征服的区域和民族，实行了民族分化政策，即把全国人民分为四个等级：蒙古人，色目人，汉人，南人。其中，蒙古人、色目人为特权等级，汉人、南人为受压制的等级。但元朝政府没有组织过任何形式的民族成分辨别活动，只是将具有不同民族成分的人按地域笼统地划分为这四个群体，群体的区分是非常模糊的。一般来说，蒙古族是元朝的“国族”，元统治者称之为“自家骨肉”；色目人多为西域人、契丹人等；汉人包括淮河以北原金朝境内的汉族和契丹、女真、高丽人等族，以及较早为蒙古征服的云南人、最晚被征服的四川人；南人是为元朝征服的原南宋境内各族人。这种划分主要依据既有民族的不同，但又有地域和被征服的成分，划分的标准非常模糊。

近代思想家魏源就谴责过元朝“皆分内外三等”的观点，他根据史实反驳，认为“初无蒙古色目汉人南人之见”，到元中叶之后，才“始分畛域”。

二、元朝的民族分化政策也利于民族融合

杨志玖在《元代回族史稿》一书中指出，元朝统治者的民族压迫与民族分化政策，体现在统治者对汉人不放心，利用色目人的管理才能和兵力来统治、镇压汉人。中国古代史著名研究专家吴凤霞也指出，元代实行“四等人”制度（即民族分化政策）的政治目的有二：防范其他民族的反抗，维护蒙古民族绝对的优越地位；一面联合各族上层为其统治服务，一面又实行民族分化，有意

造成民族间的不平等，使其互相牵制。

但李大龙指出以往学术界仅仅以民族歧视和压迫来评价元朝民族分化政策的历史作用是不全面的。他认为“四等人”的划分既有维持大一统的需要，也是对宋辽金元时期民族融合成果的一种承认，而以蒙古为国之根本，色目和汉人互相牵制的政策又导致了民族分布格局的巨大变化，进而为更大范围内的民族融合创造了有利的条件。确实，第三等级“汉人”的成分很杂，原金朝境内的各民族、四川人和云南人都被划入“汉人”行列，这是汉族人和汉化了的各民族的总和，故有“汉人”之名。

三、元朝的民族矛盾不是主要矛盾

元朝的法律虽然为蒙古、色目人规定了许多特权，但是真正利用法律到处横行不法的只是蒙古、色目贵族，而广大蒙古、色目劳动人民与汉族劳动人民一样，过着受压迫、被剥削的生活，甚至有贫苦的蒙古人被贩卖到异乡和海外当奴隶的，这在《通制条格》和《元典章》中屡见不鲜。这反映元朝的民族矛盾没有改变封建社会主要矛盾的性质。

四、回族的形成不是偶然的

萧启庆在《西域人与元初政治》中指出，忽必烈即位之初推行汉法，用汉人笼络汉人，但也注重借色目人牵制、压抑汉人。回族先民早在唐宋就从阿拉伯、波斯等地来到中国，被称为西域蕃客。13世纪时，大批信奉伊斯兰教的中亚人、波斯人、阿拉伯人迁徙到中国，他们在元朝统治下有较高的社会地位，是色目人的一种。元朝时，中国各民族的人与回族杂居，互通婚姻，陆续融合到回族之中，这样便形成了新的民族共同体——回族。

2018年4月15日

明朝皇权的加强重难点分析

一、历史时期

明清时期。

二、教学内容

明朝皇权的加强。

三、教学重点、难点及其分析

教学重点：强化皇权的措施。

分析：明太祖加强君权的措施是教学的重点。明朝是我国封建社会中央集权制度空前强化的时期。明太祖通过废除行中书省，设立直属中央的三司，废除丞相，撤销中书省，六部直接听命于皇帝，并设锦衣卫，大大提高皇权，奠定了明朝君主专制集权政治体制的基本格局。八股取士是明代科举考试的重大变化，是君权加强在思想文化方面的体现。明朝以“四书”“五经”命题，不许考生随意发表自己的见解，严格规定行文格式。八股取士对后世影响深远，但同时也严重阻碍了中国的思想文化、科学技术的发展。

教学难点：初步理解皇帝专权的弊端。

分析：明朝强化皇权的措施具有不同于前代的明显特点，如特务统治的出现、思想专制的强化等。其作用一方面巩固了明王朝的统治，创造了比较安定的政治局面；另一方面也给明朝的统治埋下了危机。由于学生对“八股文”缺乏感性认识，对三司、六部、厂卫等机构也比较陌生，不易理解，教师需要设计直观、通俗、有效并带有趣味性的教学方法。

四、解决方案

设计四个环节、四个人物，其中包括一个大人物（朱元璋）和三个小人物（胡惟庸、宋濂、范进），较为形象地挖掘并展示本课知识。

环节一：一个大人物之朱元璋

学生以自主学习和分组合作的方式，以新闻报道的形式，上台报道朱元璋统一明朝的事迹。

设计意图：设计大人物朱元璋，模仿电视新闻报道的模式，抓住学生的好奇心，引导学生深入认识朱元璋，了解并快速梳理明朝建立的知识点，顺利过渡到下一框的学习。

环节二：三个小人物之胡惟庸

播放历史剧片段“胡惟庸被杀”。

组织学生观看，并进行小组讨论：胡惟庸被杀的根本原因是什么？朱元璋及其继承者采取了哪项措施？

设计意图：突破难点，突出重点。利用小人物胡惟庸，设计“观赏历史剧：观看胡惟庸被杀历史剧片段”教学环节，采用小组讨论、合作探究的方式，换位思考“为了加强皇权，朱元璋及其继承者采取了哪项措施？”“在这些措施影响下，小人物胡惟庸的命运怎样？”引导学生思考胡惟庸的命运与明朝加强皇权措施之间的联系，由此展开观赏历史剧的探究、讨论；引导学生联系现实，通过对比，理解废丞相、设厂卫制度措施的原因、目的及其影响，认识到明朝是君主专制达到顶峰的时期。

环节三：三个小人物之宋濂

组织学生表演情景剧“宋濂请客”。

组织学生观看，并进行小组讨论：宋濂请客有哪些细节与明朝的厂卫制度相关？

设计意图：突破重点和难点。利用小人物宋濂，设计“表演情景剧：表演宋濂请客历史情景剧”教学环节，采用小组讨论、合作探究的方式，换位思考“为了加强皇权，朱元璋及其继承者采取了哪些措施？”“在这些措施影响下，小人物宋濂在生活中该注意什么？”由此展开表演情景剧的探究、讨论，引导学生通过联系现实，指出厂卫机构侵犯了公民的人身自由权、隐私权等；

特务统治无孔不入，造成社会的恐惧、阴暗；特别是由于东厂、西厂缺少监督，宦官权力膨胀并逐渐成为社会毒瘤。加强学生对于设立厂卫制度的原因、目的及其影响的理解，认识到明朝是君主专制达到顶峰的时期。

环节四：三个小人物之范进

展示范进中举发疯图片。

组织学生思考：范进为什么会喜极而疯？

设计意图：突破重点和难点。利用小人物范进，设计“思索疯人图：观看范进中举发疯图片”教学环节，采用小组讨论、合作探究方式，通过认识为了加强皇权，朱元璋及其继承者实行八股取士，小人物范进因中年中举喜极而疯，使学生得出“小人物”的命运与明朝加强皇权的措施紧密关联，八股取士禁锢知识分子的思想，致使知识分子缺乏创新与活力，导致社会发展缓慢的结论，理解“八股取士”使科举制度走向反动。

2018年4月25日

影响了名字流变轨迹的避讳

罗老师喜添孙女，起名罗“扣扣”，谐音QQ。同事笑他很前卫，再生一个罗“微信”更来劲更圆满。几年前，两个爱玩麻将的朋友分别给自己的孩子取名“伍陆柒”“胡一同”，发在朋友圈里，好奇的点赞量“嗖嗖”往上飙。近来“王者荣耀”“黄埔军校”“谢主隆恩”……这些新奇搞笑的姓名，被抢先在户口系统中登记，吸引了人们的眼球，引发了国人的讨论。

姓名是一个人的标签，方便在社会中被识别；它也是一个载体，寄托了父母或自身的美好愿望。例如，女性取名常用“花”“梅”“娟”等字，男性取名常用“勇”“峰”“俊”等字。对于取名，50后扎堆“建国”“中华”“抗美”，60、70后常见“学东”“学工”“学军”，80、90后在港台文化冲刷下，频繁出现“嘉明”“子豪”“紫萱”。反思取名“罗扣扣”“王者荣耀”“伍陆柒”“胡一同”，虽颇具搞笑味道，但无不体现对美好、快乐和幸福的向往。

除此，这些富有时代气息或稀奇古怪姓名的出现，离不开避免与他人同名的心态。名字作为识别的标签，每个人都希望自己的名字与众不同。源于此，我认为，中国人的名字流变轨迹皆为“避讳礼制”作祟，它们交织在一起，离不开也割不断。

两汉之前，上自帝王将相，下至平民百姓，人们的姓名以单名居多，比如姬发、姜尚、卫鞅、嬴政、刘备、项羽、陈胜等。关于单名之风的缘由解释很多。在《汉书·王莽传》中有关于王莽取消双名而主用单名的记载，即颁布了“去二名”的“制作”。似乎王莽取消双名而主用单名，在社会上产生了巨大的影响，让人们接受了用两个字取名是不光彩的观念。其实，王莽改制很快就失败了，他下了台，改制的内容基本上被废除了，他下的法令也不算数了。

从避讳礼制上来思考那时候的人们接受单名，应更合情理些。首先，魏晋以前，中国的人口总量并不是很多，人的活动范围、交际半径很有限，信息流传速度也很慢，单名引起的重名情况极为少见。其次，取“二字名”要避讳两个字，取“一字名”只需避讳一个字，相对而言，单名避讳容易些。先秦的《礼记·曲礼》就规定“二名不偏讳”，而到汉晋，“一字为名令难言而易讳”。

担心重名又要避讳，历史上出现了许多有意思的事。

一些达官显贵比如皇族取名选择生僻字或造字：武则天名武曌（zhào）、汉元帝名刘奭（shì）、汉平帝名刘衎（kàn）、曹操的孙子名曹髦（máo）、嘉庆帝名颙（yóng）琰（yǎn）、光绪帝名载湉（tián）。这些字重名的可能性很小。

汉明帝刘庄，为避忌“庄”字，令一切“庄”字改成“严”字。《庄子》一度被称为《严子》。

“司马昭之心，路人皆知”是个被人熟悉的稀有的多字成语。司马昭的皇帝梦没有实现，但他的儿子司马炎却成了西晋的开国皇帝，他被追尊为晋文帝。为避忌“昭”字，司马炎将“昭”改成“邵”。地级市“邵阳”原名“昭阳”，因此得名。

十六国时期以来，中国进入大分裂、大动荡的时期，名字较为宽严随意的少数民族纷纷内迁中原，避讳礼制遭受了一定冲击。取名字也就不再有过多顾虑和避讳了。于是，神州大地复名就逐渐多了起来。到今天，单名见得少了，双名通行了，甚至三字名也不断涌现，可能是因为前人把能用的名字都用了。

但避讳礼制对中国人取名影响依然很大。时至今日，没有几个人的名字会与自己的父亲、祖父的名字重字，也没有几个人愿意与他人共享姓名。中国历史源远流长，人口基数特别大，苦思冥想来取名，怕还是挡不住名字大批雷同。有人笑话人们取名：“《诗经》早已检索完毕，《史记》也已看过了，《字典》也翻遍了，能征求的意见也都征求了。”取个名字，可不比十月怀胎轻松，所以出现一些新奇搞笑、稀奇古怪的姓名，也就见怪不怪了。

莎士比亚曾说：“我们叫作玫瑰的这种花，要是换个名字，它还是同样芬芳。”感谢身份证号的研发者，让人们多了一种身份区别的标签。

2018年4月28日

课堂：胸中有丘壑，腹内有乾坤

初中课堂纪律现状及其原因探析

——以邵阳县长阳铺镇中学八年级为例

鉴于部分授课教师反映课堂纪律难以掌控的现状，我走访了一些农村初级中学，通过与部分授课老师的沟通了解到现阶段大部分班级的课堂纪律较差，混乱的课堂纪律，严重影响了日常教学的正常进行。迫于无奈，许多教师不得不采取严厉的措施来维护课堂纪律，从而保证正常的教学，然而其成效却微乎其微。为了更深层次地把握学生的思想、情感动态，增进对初中生课堂纪律的了解，探讨更具针对性、完整性的教学秩序维护措施，寻求更有利于学生成长成才的教学环境，我深入湖南省邵阳县长阳铺镇中学，重点调查该校八年级167班至171班五个班级，以问卷调查为主，学生谈话调查为辅的方式进行了探讨，探析课堂纪律现状及其原因。

一、该校课堂纪律的现状

调查走访的目的主要涉及各班级课堂纪律总体情况和导致各种情况的原因，如学生对课堂的满意度、对个人违纪行为的认知和态度，教师常用的应对方式，学生对课堂纪律的意见和建议以及学生对教师的期望等。由此，我初步了解到初级中学课堂纪律现状不容乐观。

（一）学生对课堂纪律的认识

调查结果显示：50%的学生认为理想的学习氛围需要适当宽松的课堂纪律；33%的学生认为保持课堂安静才是真正的和谐；17%的学生保持中立。谈及对自己班级课堂纪律状况的认识，47%的学生认为较差，16%的学生认为很差，22%的学生认为较于以前有所好转，15%的学生认为目前纪律尚可。其中，

167班多数学生对其班级课堂纪律较为满意。

（二）违反纪律的主要表现

谈及课堂违纪现象，多数学生做如下描述：交头接耳、嬉笑打闹、阅读课外书籍、写信传纸条等现象屡见不鲜。而其中发生最为频繁的现象当数讲小话和借用学习工具。据调查显示，54%的学生反映讲小话是最主要的课堂违纪行为，43%的学生认为借用学习工具是课堂上最主要的违纪方式，只有8%的同学认为自己基本不违纪。问及对课堂违纪行为的看法：38%的同学认为“学生应以学业为重，要杜绝这种行为”，反映了部分学生对良好课堂纪律的向往；54%的学生认为“如果是因为紧要事情或者偶尔违纪就情有可原”，反映了超过半数的学生客观上要求有良好的课堂纪律，但又为自己的违纪行为寻找退路；2%的学生认为“课堂上违纪无所谓，纯属个人自由”。导致学生对课堂违纪行为产生不同看法，最主要的原因是什么？归根结底还是与班级的学习氛围有关。良好氛围催人上进，恶劣的氛围让人“破罐子破摔”。

（三）对违纪行为的态度

面对各种各样的违纪现象，67%的同学对违纪的同学持厌恶态度，17%的同学则表示“与本人无关”，90%的同学均不愿在课堂上看到讲小话、嬉笑打骂、插嘴、乱起哄、传东西的现象，而几乎所有同学都对“他人违纪时能带动一批人跟着扰乱课堂纪律”的观点持赞成态度。“班上是否有故意捣乱者？”对此观点67%的同学表示有几个，28%的同学表示较多，5%的同学表示完全没有，“表示没有的”基本上都是老师和学生心目中的“调皮鬼”。

（四）产生违纪现象的原因

学生普遍认为自制力差、对课程没兴趣是自己不能认真听讲、时常违纪的主要原因。在回答自己最喜欢听的课时，169班同学相对喜欢语文和数学，168的同学喜欢语文和物理，由此，他们这几门课程的整体成绩较好。169班同学普遍认为数学课堂纪律相对较好，老师对学生的要求严格，态度坚定，为人和蔼可亲，发自内心地关心自己的学生。语文老师是他们的班主任，对他们要求十分严厉，因此课堂之上不敢违纪。168班语文和物理的成绩之所以相对靠前和教师的努力是分不开的。除部分学生是因为惧怕班主任所以保持好的课堂纪律之外，有22%的学生认为是老师独特的授课方式吸引了他们。据学生反映，物理老师讲课形象、细致、通俗易懂，充分调动了大家的学习兴趣课堂气氛活跃，因此168班很多学生均喜欢物理课。而英语却成为学生最讨厌的课程之一。一部分原因是学生听不懂课，没有语言环境，感到乏味；而纪律相对松懈则是主要原因。不喜欢地理课、生物课的学生也比较多，学生主要认为这些学科知识复杂、抽象，难以对其产生学习兴趣。授课老师因其是副科，在纪律方面也不太花工夫，导致学生违纪肆无忌惮。

（五）违纪的现象、教师的对策、学生的反应

该校个别班级某些课程的课堂喧闹异常，胜于菜市场。大多是音乐美术等副科，也有部分是文化课。然而这种热闹与良好的课堂气氛无关：教师在讲台“传道授业”，学生们在台下嬉笑打闹、写信、看杂志、听音乐、玩手机、借传东西，这直接导致课堂教学无法正常进行。为杜绝这一现象，授课老师需要花许多精力，而课堂纪律却丝毫不见好转。某些班级学生甚至在起立时就拖拉懒散，坐下后还吵闹不休。面对此种情况，许多老师常常怒不可遏，大发雷霆，将违纪的同学痛斥一番或罚跑步、罚站、罚写检讨书和保证书、罚搞卫生。情节严重者还会被请进专门办公室接受训斥或“感化”教育，或者由严厉的班主任处理。尽管如此，学生的情况仍无突破性进展。

在混乱的课堂上，违纪的学生“麻木不仁”，对自己行为所产生的影响没有丝毫意识。他们对违反纪律乐此不疲，公然挑战老师的暗示眼神，对老师的训斥熟视无睹。面对这种情况，授课老师除采取以上措施外，也只能听之任之，无可奈何。

谈到对老师维护课堂纪律的方式是否满意时，近七成的同学表示不满意。“你觉得哪一种老师上课纪律会比较好？”学生普遍认为是“严厉批评，甚至打人的”，但也有相当多的学生认为是“幽默，博学多才的”。在意见和建议方面，多数同学埋怨个别老师不够严厉。部分同学建议老师以严厉的方式管教违纪的学生，要说话算话、该严肃的时候严肃、对待学生一视同仁，不让自己的权威受到挑战；还有一部分同学建议班主任多到教室外面监视。

（六）167班课堂纪律一枝独秀

虽然多数班级课堂纪律令人担忧，但也有少部分班级让人欣慰。教师共向167班发放问卷15份。14人认为167班课堂纪律较好，1人认为很好；10人认为自己基本不违纪；5人出现违纪均因借东西导致；13人反映自己在课堂上都能认真听老师讲课；15人反映班干部经常管理纪律，授课老师大都注意改善课堂气氛。以上数据显示，167班课堂情形较为乐观。

二、课堂纪律差原因分析

（一）学习目标不明确，学习态度不端正，是学生养成不良习惯的主要原因

调查结果显示：73%的学生自评自己的学习态度“一般”，8%的学生在学习上“得过且过，一点都不积极”，只有6%的学生“承认自己勤奋刻苦”；85%的学生都能够认识到，自己学风不好或差的原因与教师的教风有关系，但主要在于自身，如学习动机不良、态度不端正、纪律差等。经调查发现，课堂上能坚持做笔记的占12%，偶尔记重点的占47%，从未做笔记的占2%；完成作业情况上，“独立完成”占31%，“偶尔抄袭”占60%，“经常抄袭”占9%；而对当天学习的课程是否会复习巩固上，“偶尔会”占58%，“根本不会”占16%，“老师要求才会”占11%；课余时间最常做的事，34%的是玩耍，18%的是看电视，只有24%的是看书。由此看来，能够主动学习的、不要他人督促的学生少之又少。这些情况让我们看到，学生的学习目的不明确、动力不足，是导致他们养成不良的课堂行为习惯的主要原因。

（二）学生正处于自我意识高涨的阶段，正确处理同学关系、解决集体生活中形成的矛盾十分重要

有一部分学生，或属留守学生，或属富家子弟，他们“唯我独尊”，不善于接受他人。而这么多人需要挤在一间普通的教室里，磕磕碰碰在所难免，一个人的过失极有可能会波及周边一群同学：无意中碰掉了别人的书，推倒了别人的桌子……如此种种，学生之间的大小矛盾此起彼伏，课堂自然一片混乱。这需要老师加强对学生的素质教育，培养他们宽广的胸怀与气度。

（三）教师的教育教学方式值得商榷和探讨

调查显示：个别老师在讲台上总是不遗余力地向学生灌输知识，课堂时间变得十分紧凑。师生互动、愉快学习对学生来说是一种奢侈，教学缺乏吸引力，让学生们对课程学习缺乏兴趣。后进生在课堂上跟不上老师的思路，处处比人慢一拍，时间一长，便陷于被动状态，不能主动汲取知识，沦为课堂上的“观众”或“听众”。当教师和成绩优异的同学的“表演”不够精彩或者“表演”的内容与他们无关时，他们便会寻找属于自己的空间：看其他书籍、写信、打闹、聊天等。教师面对这样的课堂纪律，气急败坏，不得不停下来强调

纪律。有些老师对此现象无可奈何，只能听之任之，拼命赶进度，急匆匆地把一节课的内容教完（或称之为读完），然后逃离让人窒息的教室。长此以往会在学生心中形成一个比较固定的模式：我错了，老师会提醒我、批评我，老师没有批评我则说明我没有错。也有这样一种情况，老师发现学生违纪会制止，但情况却不见好转，久而久之，老师也不了了之。还有一种情况，老师发现学生违纪了，也会采取相应措施进行处理，但方法简单，罚站、打手、跑步、通知家长、停课……缺少对学生的思想教育，缺少师生互动，治标不治本。同时也传递给学生一个错误信息——错了没关系，大不了就是挨打、停课等。如此一来，学生遵守纪律的自觉性减弱，使课堂纪律难以维持。

（四）没有正确发挥班干部的作用

调查发现，几乎所有班级都在积极培养班干部，都想发挥班干部管理班级的作用，但个别班级的班干部的“权力”过大，如有的班长代行了班主任的职责。52%的学生认为班干部应仅偶尔管理班级纪律，认同班干部经常管理纪律的只占37%。老师放了“权”，对班级管理也放了手，但班干部监管不力，导致班级管理出现空档，班级纪律逐渐下滑。

（五）167班班风良好原因的探讨

167班课堂纪律较好的原因：第一，班主任宋老师在班上言而有信，言出必行，严肃处理违纪现象。平时关心学生，处处替学生着想，与学生沟通较多，情感教育到位，学生不愿意为宋老师添麻烦（很担心老师的嗓子）。第二，学生基本上不违纪，班级无故意捣乱的学生。第三，充分发挥了班干部的作用。第四，授课老师普遍要求严格，讲课的同时也努力维持课堂纪律，和班主任一样。

三、课堂纪律维护的方法和建议

（一）充分利用班主任资源，营建良好班风

调查显示：班主任上课时课堂纪律最好。究其原因是班主任严厉，会体罚学生，最了解学生。班主任在学生心目中的地位是至高无上的，调皮捣蛋、态度强硬的学生见了班主任都会乖乖低头。因此，班主任应该充分利用学生信任自己的优势，多费心思、多花时间深入了解学生思想动态和生活作风；言传身教，为人师表，用人格影响人格，用情感唤醒情感，真正做到以德服人，做到

“骂”“吓”“哄”相结合，有效管理班级，指导学生营建良好班风。

（二）教师应该与时俱进提高自己，以适应新时期学生的特点和要求

调查表明：多数学生希望自己的老师更加严厉，必要时采用体罚的方式来维护课堂纪律；83%的违纪学生在被提醒和训斥之后能够立刻安静下来听讲。可见，在学生的心目中，教师的角色还是传统模式下的传道、授业、解惑者，教师的威严不容挑战。在调查中，我们也特意要求学生回答了“决定怎样要求自己？”“将采取什么措施来养成良好的课堂行为习惯？”等问题，几乎所有学生都非常真诚地就遵守课堂纪律对自己做了要求。教师要了解学生的这些心态和决心，在课堂上要严格要求学生，建设并维护好良好的课堂行为习惯。学生在献计献策中希望授课老师维持课堂纪律，明白课堂纪律不是班主任的纪律，也不仅仅是学生的纪律，更是授课老师的纪律，遇到课堂违纪者一定要管并且严管。

调查发现，学生大多觉得幽默、博学多才的老师上课纪律会比较好。可见，学生遵守课堂纪律并不是单纯地害怕严厉的教育和体罚，教师生动活泼的讲解、幽默的性格、渊博的知识更能够吸引学生自觉地遵守课堂纪律。而个别老师的课堂教学方式实际上将多数学生排除在课堂之外，学生对老师所授课程似懂非懂，再加上胆怯，不能主动向老师请教。长久下去，学生学习兴趣丧失殆尽，课堂上难免要去寻找自我的空间。

（三）正确发挥班干部的作用

班干部是班主任和科任老师的得力助手。正确充分发挥班干部的作用，既可以弥补班主任工作上的不足，也使学生干部得到锻炼。班干部在管理班级的同时要做好日常登记，及时发现学生的问题，及时处理，绝不能养痈成患。

（四）学生应端正学习态度，确定好阶段学习目标，课堂上严格要求自己

好的学习态度才会增强自制力，才能在课堂上严格要求自己，才能逐渐养成良好的课堂行为习惯。每一位老师都在尽力为每一个同学创造发展的机会，都殷切希望有良好的学习氛围。这不仅需要老师的努力，更需要同学们的积极配合。同学们的发展离不开老师，而同学们的成长成才也与自身的言行举止息息相关。如果学生们能按照调查中对自己提出的要求和计划采取的措施管理自己的言行，那么，成功就指日可待了。

关注每一个学生的成长和发展，是教育工作的永恒主题。墨守成规、故步自封难以改善现有的工作模式，作为教师，我们应该努力走出固有的教学误区，将内容与实践相结合，言传身教，并根据学生的兴趣爱好，精心备课，因材施教，尽量照顾到每一个学生，让学生最大限度地吸收在课堂上接触的知识。与此同时，我们还要深入了解学生思想动态，了解学生的情感需求，寻找与学生的共同话题，与学生赤心交谈，拉近与学生之间的距离，如此一来，课堂上学生自然会给你留足“面子”。

2010年11月28日

观看历史影视片述评

基础教育课程改革以来，历史活动课作为新的课程内容出现在初中历史教材中，如何使教师改变传统的教学观念和教学方式，适应历史活动课的要求，已成为学校教育的一项重要任务。邵阳县长阳铺镇中学历史活动课题组迈出了活动课教学的重要一步，开展了“探究历史活动课”课题研究。2013年3月，课题组向八年级下达了“观看历史影视片”活动的通知和具体说明。这次活动在学校的推动下，历史课题组精心策划，取得了预期的效果，给师生留下了许多思考。

活动的具体情况如下：

一、活动布置

（一）活动目标

（1）提高学生对影视作品的欣赏能力，陶冶学生情操。

（2）丰富初中生的文化生活和历史知识，拓展学生历史思维，使学生扩大学史范围，学会联系实际生活学习历史，从实践中学习历史，培养学生综合学习能力、创新能力和实践能力。

（3）激发学生正视历史、以史为鉴、学史明理的情感。

（4）通过撰写影视评论或观后感，提高学生分析和写作的能力。

（二）活动要求

1. 活动主题：观看反映中华人民共和国成立前后历史的电影

八年级下册历史内容为中国现代史，开学以来学生主要学习了“中华人民共和国的成立和巩固”“社会主义道路的探索”等内容。确定以“观看反映中华人民共和国成立前后历史的电影”为本活动课的主题，内容上学生较为熟悉，观看影片时容易产生兴趣和共鸣。

2.选好影视片：电影《我和我的祖国》

在课题组教师的指导下，学生代表先后到学校图书室、音像店和利用互联网了解影片介绍，海选了部分影片，最后确定电影《我和我的祖国》供各班选看。

3.了解电影《我和我的祖国》历史背景：中华人民共和国从成立到发展，再到腾飞

这部电影以“前夜”“相遇”“夺冠”“回归”“北京你好”“白昼流星”“护航”等与共和国息息相关的普通大众努力奋斗的故事，演绎了让“历史是由人民群众创造的”的历史发展观得到了诠释。

老师对影片做简要介绍，再让学生通过学校资料室或图书室、互联网查阅相关资料。

（三）活动过程

（1）以班为单位，安排好时间，集体观看。

（2）写出观后感。可以是心得体会，也可以是影评。

（四）活动评议

（1）分析电影，注意区分历史影视片与真实历史之间的联系与区别。

（2）总结活动的成绩，并指出存在的问题。

（3）评选优秀观后感，校内公示表彰，并推荐到校刊《杨柳风》发表。

二、参与活动：收获与失落并存

2013年3月第三周，长阳铺镇中学“观看反映中华人民共和国成立前后历史的电影”活动正式拉开帷幕。整个八年级五个班分班组织学生利用班班通设备观看了历史影视片《我和我的祖国》。随后组织全体八年级学生撰写了观后感，4月初，评选了优秀观后感，部分作品已向校刊《杨柳风》推荐发表。学校教导处主持了颁奖仪式，校长代表学校对本次活动做了总结。

三、活动结束：其实活动刚刚开始

观看历史影视片的活动结束了，但活动不论对老师还是对学生都有很大的启示。观看历史影视片作为历史活动课的一种形式，是一种全新的历史课教学模式，必将对今后的历史教育教学产生极大影响。

“观看历史影视片”启迪老师们，摒弃传统的教学模式，探索做好历史课的组织者、策划人。在这次活动中，学生查阅电影背景、观后影片、撰写观后感，表现出了强烈的学习热情，通过“历史影视片”这一历史知识的新载体，自主地学习和掌握了大量的历史知识。老师若再向学生填鸭式地灌输历史知识，只会是多此一举罢了。

“观看历史影视片”启迪学生们，“学史”不是“死学”，历史知识不仅可以从书本中学，也可以从历史活动中学；要学会联系实际生活学史，学会从实践中学史、自主学史，这样才能培养学生综合学习的能力、创新能力和实践能力。

本次活动结束了，其实活动刚刚开始！

2013年4月8日

浅谈如何运用班班通组织初中历史教学

班班通教学设备的安装和使用，使长阳铺镇中学课堂教学方式发生了翻天覆地的变化。老师们告别了一本教案两支粉笔的教学时代，跨进了现代信息化教学课堂。这既给教师带来了教学方式的变革，也使教育教学效果得到显著提高。

但是，在实施班班通教学的过程中，老师们遇到了许多亟待解决的问题和困惑。现在，我结合自己历史课的教学实际，就历史老师如何运用班班通组织教学谈几点体会。

一、转变教学方式，让先进的班班通设备走进历史课堂

运用班班通教学，课堂容量增大，学生能在同样多的时间内接受更多的知识。同时，班班通教学的直观性、生动性，更大程度地提高了学生学习枯燥历史知识的兴趣，为有效开展合作探究活动，实现教学的三维目标提供了更好的平台。

运用班班通上历史课，对于课本上基本内容的学习，教师可以通过课堂合作探究活动，大胆地交给学生自主完成。例如，我在执教“美国南北战争”一课时，在班班通设备上播放制作好的课件，提出合作探究的问题，由学生合作自主完成。整堂课，我设置了三个探究活动。探究一，美国南北战争的原因。探究二，美国内战中林肯政府采取扭转战局的措施有哪些？表现在哪些方面？探究三，美国内战的评价和林肯的评价。学生分组讨论、合作探究后，各组分别展示讨论结果。我将设计的课堂问题、补充的练习题、拓展性和探究性问题的答案，在学生充分研讨的基础上，用班班通显示出来。这既方便省时，又简单明了，实现了课堂教学的高效。

运用班班通进行历史教学，能更大程度地实现课堂高效，因此，历史老师要充分认识班班通教学的优势，尽快让班班通教学走进历史课堂，让那些枯燥的历史知识变得鲜活，让沉闷的历史课堂充满生机。

二、普及班班通教学，历史教师必须加强对信息技术的学习，提高计算机应用技能

要顺利实施班班通教学，首先，教师必须改变备课方式，从书写教案本 向电脑备课转变，包括设计电子教案、导学案和制作课件。其次，教师必须实现备课资源的共享，包括向学校服务器上传和下载资料、发送和接收邮件，通过搜索引擎直接从互联网下载教育教学所需要的各种有用资源。这就要求历史老师加强学习，提高计算机运用技能。

为了提高班班通的使用效果，让老师尽快掌握班班通应用技能，长阳铺镇中学自决定安装班班通起，先后三次组织全校教师分批学习了电脑应用的一些基本知识，如打字教程、Word教程、Excel教程、PPT教程、邮件的接收和发送、下载和上传等。

针对历史课堂的特点，学校还专门组织历史老师进行了培训，学习历史课件的制作方法和技巧。但是，由于学习时间短、历史教师年龄偏大、计算机基础相对薄弱，历史老师没能在规定时间内熟练掌握应用班班通使用所必需的知识和技能，班班通应用技术水平仍然不高。

因此，历史老师应该在教学的过程中，加强学习，尽快提高计算机运用能力，让班班通更好地为历史课堂服务。

三、合理取舍，精选教学内容，避免历史课堂教学走马观花

运用班班通进行历史教学，课堂容量大，涉及的知识点比传统教学课堂要广且深。但班班通设备终究不能代替老师，切忌把历史课堂教学等同于播放课件。因为班班通仅仅是新的教学手段而已，不能因为教学手段进步了，历史教学就从“人灌历史知识”过渡到“电灌历史知识”。

不难发现，网络下载的历史PPT课件，每节课往往有三四十张幻灯片，内容太多太杂，面面俱到。老师若不作修改就使用到自己的课堂，容易导致走马观花式教学。精美的课件让学生眼花缭乱，一节课下来却收效甚微，甚至有的

老师，因内容太多无法完成教学任务而拖堂，导致学生厌烦。

有意识地筛选历史课堂教学内容，以突出重点，是历史老师制作班班通课件特别需要注意的问题。例如，在执教“文艺复兴和新航路开辟”一课时，我觉得课件中的素材都很好。于是，将它们全部搬到课堂上，让学生接触更多的知识，结果下课时间到了，我连基本内容都没有教完，学生没有留下太多的印象，没有掌握最基本的知识。所以，对于下载的课件，我们一定要善于处理，学会取舍，眉毛胡子一把抓，与班班通高效课堂教学是背道而驰的。

四、历史教师要学会正确有效地处理图片、音频、视频等信息

历史课讲的是过去的事，历史事件已经过去很久了，对学生而言，抽象、模糊、难理解。班班通建成后，老师们可以在课件中恰当插入音频、视频和图片，使历史知识不再抽象、枯燥。

历史老师可以适时地将声音、图像、视频等各种信息进行巧妙的呈现，创设良好的情境，生动再现历史场景。这样，一方面会给学生带来新鲜感，使学生对历史学习产生浓厚的兴趣，另一方面能轻松地实现对重点和难点的突破。例如，我在执教“丝绸之路的开辟”一课时，播放了《张骞回到长安》的视频片段。当学生看到张骞衣衫褴褛、穷困潦倒的样子，瞬间就明白了通西域的艰难困苦和张骞不畏困苦的精神。在教“元朝的统一”一课时，我用旋律优美的马头琴曲把学生的思绪带入了蒙古大草原，并由此导入新课。讲授贝多芬时，我播放了《致爱丽丝》和《英雄进行曲》；讲北伐战争时，我播放了《国民革命军军歌》。这些音视频的播放拉近学生和历史的距离，加深了学生对相关知识的理解。

历史图片的作用在于再现历史，创造历史情境，如《时局图》就把列强瓜分中国的情况描绘得具体形象，《三角贸易示意图》则把黑人的悲惨命运真实地刻画出来。同时，我结合各个列强国家侵略中国的过程、西方奴隶贩子从欧洲出发再回到欧洲过程中的掠夺情况，制作了Flash动画演示的《时局图》《三角贸易示意图》，生动形象地再现了历史实情，使学生学习这些历史的兴趣更浓了。

历史老师如果能正确有效地处理图片、音频、视频等信息，历史课堂将是生机勃勃的，充满活力的，更是高效的。

五、对运用班班通教学的历史课堂中出现的问题，老师要沉着、冷静、机智地处理

在使用班班通教学的过程中，势必会遇到一些问题。因此，为了更好地实施班班通教学，老师们一定要注意以下几个方面。首先，班班通安装好后，设备公司的专家会先后两次到学校给老师讲解班班通应用方面的知识，为保证历史课堂能正常使用设备，历史老师都应该积极参加培训。其次，班班通设备的启动需要3分钟左右的时间，老师们应在上课前赶到教室启动设备、调试课件，也可以安排科代表启动设备。最后，历史课件可与电子白板交替使用或互补使用。一旦遇到课件问题，老师可冷静地退出课件，启动电子白板继续上课。而在遇到视频、音频不能正常在课件中播放时，可以退出课件，然后用其他播放器播放。

我在历史课堂中还有过在PPT中不能正常播放视频文件的烦恼。通过学习我发现，原来PPT支持的视频格式有avi、mlv、asf、asx、mpg等几种，而对于目前比较流行的rm、flv等格式的文件，却是不支持的。还有这种情况：我收集到的视频文件太长了，或者有些片段是课堂中不需要的，而教学只需要其中某一个或几个片段，为了不耽误太多的课堂时间，我不得不放弃了这些有教学价值的视频文件。后来我发现，这都属于视频文件的编辑问题，比较好的视频编辑软件有格式工厂和狸窝全能视频转换器，特别是后者，能轻松实现视频文件的剪切、整合和格式转换。

总之，班班通与历史教学的有机结合，达成了图文并茂、声影并现的课堂情境，使学生既能听到声音又能看到图像，配合学生合作探究学习，教学效果已经大大优于传统的教学方法。所以，历史教师在接受班班通这一新事物上，应立即行动，做到愿学愿用，肯学肯用，敢学敢用。

2013年11月15日

巧辟途径，让历史课堂活起来

人类历史沧海桑田，源远流长。历史事件色彩斑斓，有滋有味；历史人物风采各异，千变万化；历史神说传话脍炙人口，耐人寻味，一个个生动活泼，引人深思。我在历史课堂上，巧辟如下途径，积极引导学生与历史亲切对话，让历史课堂活起来，进而捕捉躲藏在历史史料背后的道理，享受历史课程的学习乐趣。

一、穿插逸闻趣事和民间传说

巧借逸闻趣事或民间传说既能轻松帮助学生学习历史，又能丰富学生视野。例如，“郑和下西洋”一课中，教材中介绍，郑和下西洋是为了扩大明朝政治影响，加强对外交流。但我在讲解时，特意介绍了民间的传说。明成祖朱棣称帝前，发动了夺取帝位的斗争，明建文帝朱允炆在靖难之变后下落不明，传说下了西洋。明成祖为了寻找朱允炆的下落，特派郑和七下西洋。

又如，“唐太宗知人善任，善于纳谏”一节中，教材介绍了房谋杜断和魏征的事迹。但我在讲解时，特意介绍了民间贴门神的习俗。相传，唐太宗生病，听见门外鬼魅呼号，彻夜不得安宁。于是他听从魏征的建议，让秦琼和尉迟恭两位将军手持武器立于门旁镇守，第二天夜里就再也没有鬼魅骚扰了。其后，魏征建议唐太宗让人把这两位将军的形象画下来贴在门上，从此，这一习俗开始在民间广为流传。

适当的逸闻趣事和民间传说弥补了历史课堂呆板严肃的缺陷，丰富了历史教材的内容，活跃了历史课堂的氛围，更能吸引学生对历史课堂的注意力。

二、编演历史情景剧

我课前精心策划，引导学生编写历史小剧本，组织学生扮演历史人物……

一部小小历史情景剧就出台了。例如，讲春秋五霸时，我让学生自编自演了《一飞冲天楚庄王》《退避三舍晋文公》等情景剧。剧中，楚庄王起初沉迷酒色不理朝政、不思进取，后听取伍举的“身披五彩、巨大无比的鸟，三年以来不鸣不飞”的哑谜后，奋发图强，精心治国，终成一代霸主。情景再现，史实形象生动再现，几分钟的表演就让学生记住了春秋五霸称霸的历史知识，理解了春秋时期社会发生急剧变化，各诸侯国分裂割据，混战纷纷，人民生活处于水深火热之中。

又如，讲宋代社会生活和商业发展时，我让学生扮演宋代城市的市民，有商贩、店主、游客、轿夫等等，人来人往，他们穿梭在街道中，进“瓦肆”，登舶船，逛茶楼，看商摊，买瓷器，用纸币，坐轿子，看表演，喝小杯茶，饮大碗酒……城市生活丰富多彩，生动再现了宋代城市发展、商业繁荣和社会经济发展的情况，形象、直观、具体，使学生有机会与历史亲切对话，理解历史教材的相关内容，享受到学习历史的特有乐趣。

三、改杰出历史人物评价为读写颁奖词

感动中国人物颁奖节目已经成为全国人民喜爱的节目，其中颁奖词总会给观众留下心灵的震撼。杰出历史人物，都有值得人们敬佩的事迹和品质，假设某一杰出历史人物当选为“感动人物”，让同学们为这一人物读写颁奖词，代替对其的评价，能使历史课堂脱离传统上的“死气”，让课堂活跃起来。如在评价华盛顿时，我先组织学生为他写颁奖词，然后选出写得较为出色的，请学生在课堂上宣读。如下为一个学生书写的颁奖词。

华盛顿，他绝非一位天才军事家，更不能与拿破仑相提并论，但应记住，他是一个成功的军事领袖，因为他凭借自己的智慧，带领被压迫的民族，赶跑日不落帝国，为合众国赢得了独立。华盛顿，他是一位坚定的领袖，但他既不想做国王，又不想当独裁者，把民主和法制给了美国人民。因此，这位只任两届的总统被美国人民尊为“国父”。

读写颁奖词扣人心弦，给人耳目一新的感觉，使学生对杰出人物的评价终生难忘。

2014年10月15日

辽宋澶渊和战的舌辩

近日，讲授了《辽、西夏与北宋的并立》一课后，学校历史课题组设计了一堂关于“辽宋澶渊和战的舌辩”的活动课。

关于这堂课，课题组是这么组织的：将学生分成三个小组，主战派、主和派和评委组。提醒学生从三个角度思考。①澶渊之盟前的形势宜战还是宜和？②“和战”对北宋和辽有何影响？③“和战”对人民生活有何影响？让学生围绕这三个思考角度按各自主张进行分析和阐述。整个课堂进展顺利，主战派和主和派争相发言，唇枪舌剑，针锋相对，时而慷慨陈词，时而娓娓而谈，一个个巧舌如簧、口若悬河，活动探究气氛十分热烈。

争论从“澶渊之盟前的形势宜战还是宜和”开始。主战派振振有词，冬础、钧涛等同学认为，北宋要有骨气，花钱买和平就是屈辱，应该抗战到底，宰相寇准英明睿智，力劝宋真帝御驾亲征鼓舞士气，取得了初步胜利，辽军已孤军深入，无士气，北宋继续打下去，一定会胜利，一鼓作气可以灭辽国完成统一。主和派代表晓晓、振峰等同学反驳说，北宋打过去不一定会胜利，辽和北宋实力均等，双方都不适合战争，发生战争不一定能分出胜负，反而两败俱伤，劳民伤财，北宋在澶渊之盟前取得了初步的胜利，迎来了北宋议和的良好时机，机不可失，应该好好把握。

继而双方就“和战对北宋和辽的影响”展开了辩论。主战派的代表无不叹息，澶渊之盟使北宋完全沦为苟安政权，为宋朝立下了“花钱买和平的外交”的先例，之后宋与西夏议和、宋与金议和都依照这种屈辱的外交思维进行。讨论中，“懦弱、屈辱、偏安……”等有关北宋避战求和的贬义词不绝于耳，议和后辽从此坐享其成，乐不思蜀，不思进取，最后竟被后起之国金所灭。主和派则对议和停战赞不绝口，“澶渊之盟”通过岁币换得宋辽100多年的和平往来，双方在边境设贸易市场，恢复经济文化交流，获得的利益远远大于给辽的岁币，辽也能及时从宋辽纷争的纠缠中脱身，抽出精力来关注自身的发展……这于宋于辽，都是明智之举。

在“和战对人民生活的影响”的争论中，主战派代表一副浩气长存的样子，坚持“北宋人民宁肯站着活，也不愿坐着死”，认为只有彻底打败辽，北宋人民才有好日子过。但主和派认为打仗会死人，人的生命是无价的，生命只有一次，人死了，怎么能偿还？澶渊之盟带来了100多年的安宁，使老百姓可以远离战争，过上和平安定的生活，这才是人民想要的生活，这才是和平和发展的大好事。

双方精彩的发言，出色的表现，让人刮目相看。评委组几位同学的点评不一，一时出现尴尬局面。最后，钟畅同学力排众议，认为“澶渊之盟前的形势宜战还是宜和”的辩论主战派胜出，“和战对北宋和辽的影响”辩论主和派为赢家，“和战对人民生活的影响”的辩论主和派略胜一筹，综合起来，主和派胜出。面对这场舌辩活动，屈涵宇同学说：“漂亮！精辟！”罗潜同学说：“精彩极了！”

通过讨论，同学们对战争的认识更深了，对战争影响的理解更透彻了，“远离战争，热爱和平”成为同学们的普遍认识。这堂课，给了学生开动脑筋、锻炼口才的机会，营造了一种爱和平、爱人民的思想道德教育的氛围，对每一个学生来说，都是一次受教育的机会。

这确实是一堂成功的活动课。

2015年4月18日

“元朝民族关系的发展”课后反思

本课内容是岳麓版教材七年级历史下册第12课“元朝民族关系的发展”，曾执教本课参加了邵阳县教学比赛，现在就本课教学反思如下：

一、成功之处

（1）借助多媒体手段辅助教师的“教”、促进学生自主地“学”，以突出重点、突破难点，从而提高课堂的效率。体现了以学生为主体，教师为主导，多媒体作为激发学生学习的兴趣和碰撞学生思维火花的工具。为了满足教学需要和使课堂内容丰富、形象、生动，我在课件中穿插了小动画、图片、表格及相关音乐和视频。

（2）几段视频和活动的设计恰到好处，有效帮助了学生突破难点、突出重点，培养学生全面分析问题和思考问题的能力，并通过学习文天祥、忽必烈等历史人物，强化学生爱国主义热情，也培养了学生的历史学科素养和历史学习能力。教学目标得到落实。

（3）设计了情景导入。例如，播放《达古拉》（马头琴曲）、《牧歌》等蒙古特色的曲调，有效创设了情境。又如，设计的自主学习、合作探究环节，让学生在学习活动中知识生成性强，调动了学生学习的积极性，突破了难点，突出了重点。

二、努力方向

但是，学生们对于基础知识的巩固程度还不够，不熟练，掌握得不够扎实，课堂存在着一定的不足：

（1）教师可以通过历史剧来再现元朝民族关系发展的情况，让学生在活动中形成生存性知识。例如，可设计元大都集市情景，让学生来描述和表演各民族交融的生活面貌。

（2）本课涉及成吉思汗、忽必烈和文天祥等历史人物的学习。教学主要通过成吉思汗和文天祥两位人物的事迹，启发学生思考他们身上体现出的精神，引导学生学习成吉思汗不怕困难、勇于挑战的精神和文天祥不畏民族压迫的崇高民族气节。但在思想教育上没有进一步厘清学生的思维困难，如忽视了对文天祥抗元精神和元朝统一的进步性互相矛盾的分析，造成学生对这一问题的理解困难。

（3）知识的延伸和拓展不够。教师可以结合回族、蒙古族、苗族、侗族等少数民族与汉族杂居的实际，让学生谈谈应该如何搞好民族关系。

结合以上反思，更感到在今后的教学中，要拓展自己的知识面，争取做一名与时俱进、知识渊博的教师。

2015年11月25日

《运用信息技术优化初中历史教学》在线会客室活动录制脚本

一、导入：阐述作用，导入会客室内容

主持人：众所周知，历史学科讲述的是人类社会从低级到高级曲折发展的历程，是对学生进行人文素质教育的主要学科之一。然而历史课所讲述的内容都是过去发生的，不可能再现、重演，这对于有强烈求知欲、探索欲但思维能力相对不成熟的初中学生来说，原本神奇而有趣的历史知识就显得相对枯燥、乏味。信息技术，凭借其容量大、直观形象、生动有趣等优势能把这些问题轻而易举地解决了。

今天我们就和三位老师来谈一谈如何运用信息技术优化初中历史教学。

二、讨论主题

创设情境优化新课导入

主持人：钟娟老师执教的“九一八和抗日救亡运动”这堂课选自八年级上册，这一课的教学重点和难点都在九一八事变和西安事变上，通过这两个事变激发学生内心强烈的爱国情感和以国家兴亡为己任的责任感。但是这段历史已经过去80多年了，学生难以身临其境感受这段历史。教学中，导入新课时激发学生兴趣就十分重要了。您是怎样拉近这段历史与学生的距离，让学生与历史产生共鸣的呢？

1. 利用视频资源

钟娟：这是一节思想教育意义很强的课，我觉得创设特定的历史情境，营造出和课程主题相符合的氛围至关重要。所以在这一节课的开头，我选择播放

历史歌剧《松花江上》，学生们一边观看歌剧演员们鲜活的表演，一边聆听着悲怆的音乐，仿佛又回到了那个灾难的年代。大家看了以后心潮起伏，然后提出歌剧中反复唱到的数字九一八是指什么事件的问题，学习的激情马上被激发出来，从而对这段历史产生了浓厚的兴趣。大家请看教学片段（插入播放）。

主持人：原来您就是通过这样的方式吸引了学生的注意力，提高了学生学习的兴趣。的确，创设特定的历史情境，将学生带入情境当中，深切感受那段历史，这是信息技术数字化素材对传统教育的重大革命。

李青华老师对导入环节利用数字化素材创设情境，导入新课，有什么看法?

2. 利用图片、音频资源

李青华：近几年来，中学历史教学信息化发展非常迅速，它改变了传统教学模式中的弊端，对历史教学起到了很大的促进作用。尤其在导入环节，利用数字化素材创设问题情境，在激发学生自主学习的兴趣、拓展学生的思维空间上，很多老师做了大量的、有益的探索和尝试。

钟老师的这节课在这点上做得相当出色。其实贺老师的课也有这样的尝试，她展示了谭嗣同的爱国小诗《有感》并配音频《山河破碎》，接着播放视频《公车上书》，让学生真切感受了康有为将维新变法提高到关乎国家生死存亡的高度，其忧国忧民、敢于担当之情怀给学生留下了深刻的印象（播放教学片段）。

主持人：贺艳琼老师，李青华老师点评到您这节课的导入设计，您是基于怎样的思考来设计的?

贺艳琼：戊戌变法相去久远，学生对这段历史很不熟悉，但戊戌变法的社会背景——甲午中日战争和《马关条约》的签订是学生第一单元学过的内容。正如李青华老师所讲的，找到这种学生比较熟悉，而且与这节课内容相符的素材，能快速拉近学生与历史的距离。我在播放影视频《公车上书》后，再通过追问“假如你就是当时在北京参加科举考试的读书人，你会在上面签下你的名字吗？”“清政府有‘士人不得干政’的禁令，签了名会有杀头的危险，你还敢吗？”让学生置身于当时的情境，就能有效避免学生学习历史“只见事件不见人”的误区，也更能激发学生的探索欲望。

主持人：贺艳琼老师说得非常好，我们选用的视频和图片等数字化素材，一定要与教学内容、教学主题相符，否则就没有实际意义了。有老师在教“元朝的民族关系”一课时，在导入部分展示蒙古包、蒙古赛马的图片，并搭配具有蒙古族特色的马头琴曲，这在创设情境上，恰到好处。（同期声播放）

在必要的情况下，为了达到与创设情境的主题一致，课前可以选择相关的软件对视频、图片和音频进行编辑。

各位，在导入部分利用信息技术处理的数字化素材创设情境的策略很有实用价值，谢谢你们。

三、讨论主题：运用信息技术优化教学过程，提高历史教学效果

主持人：传统的一支粉笔、一块黑板、一张嘴的教学，哪怕穿插了启发互动教学，哪怕历史教师的语言描述能力特别强，历史课堂仍然会乏味无比。增加一些文字、视频、动画、录像和音乐等丰富多彩的数字化素材，有利于提高历史课堂的教学效果。

钟娟老师，您这一堂课重点和难点是九一八事变和西安事变，在教学目标上，还要落实爱国主义情感态度和价值观的教育。你是怎样做到的？

（一）图配文，深入浅出

钟娟：其实我们知道，在很多课里，重点就是难点。作为难点，“九一八事变”难就难在国共两党和军民对待日军侵略的不同态度上。我想如果只是传统的口头讲授，或者简单的师生互动，学生们可能很难理解这点。那么如何对这一难点进行突破呢？如何才能让学生轻松地理解国共两党的不同态度呢？

我准备了两组“图配文”来组织教学：一组是蒋介石给张学良的要求不抵抗的密电，配上蒋、张的图片；一组是全国各界参与抗日救亡运动的图片和说明文字，包括东北人民、国民革命军、学生，以及共产党的抗日。我们一起来看课件（播放课件）。

两组图配文，既能帮助学生弄清楚谁主张抗日，谁拖延了抗日，也能让学生理解九一八事变的严重危害。

主持人：这两组图片，让我们真的有一目了然、不言而喻的感觉！李青华老师，您能点评一下钟老师的这个设计吗？

李青华：这两组“图配文”设计，是用来突破难点的，效果非常好。

众所周知，历史讲究“论从史出”，必须通过“文说历史”或“图说历史”，在大量真实、有效的史料、图片中发现历史，得出结论。培养学生的史

料分析能力和读图能力。

贺艳琼老师的课也有这样的设计。

贺艳琼：我在这节课的设计中，的确采用了大量的“图配文”。在“谭嗣同殉难”图上，本有“有心杀贼，无力回天”的配文，再配上谭嗣同的《狱中题壁》，这就能让学生感悟谭嗣同等维新人士救亡图存的坚定决心。随后给“戊戌六君子”的图配上了对其殉国的评价文字，帮助学生理解维新变法救国的艰难和谭嗣同等人慷慨就义、以身殉国的意义，认识到资本主义改良道路在半殖民地半封建社会的中国行不通，从而突破教学难点。

主持人：各位老师讲得很在理。在信息技术条件下，展现丰富多彩的历史图片、文字素材，可以打破时空界限，突破课堂狭小天地，信息技术让历史通过图片、文字，或者声音、视频、动画等媒质，以多种形式呈现在学生面前，让历史知识变得直观化、具体化，富有感染力，做到深入浅出，吸引学生听、看和思考问题的兴奋点，使学生带着轻松愉快的心情参与到课堂教学中，突破教学难点，从而达到较好的教学效果。

李青华老师，您对“图配文，深入浅出”这种教学组织形式有哪些建议呢？

李青华：我认为，图配文应该注意以下方面：

第一，“图配文”要处理好主题与陪衬的关系，权衡孰重孰轻，突出主题，切莫喧宾夺主。

第二，图配文的选图要准确，文字的表述要恰当，要有利于学生学习的需要。“谭嗣同殉难”图上的“有心杀贼，无力回天”配文，丰富了图片的信息，让学生更容易理解谭嗣同赴刑场的态度，使枯燥乏味的图片变得生动有料，帮助学生理解和记忆。

第三，图配文要求教师有一定的信息技术处理能力，否则，做出来的课件也达不到理想的效果。

主持人：是的，利用信息技术，恰到好处地处理和利用图片信息、文字信息，有利于学生的学习，达到提高教学效果的目的。那我们是不是也可以从课堂的“情境创设”方面，激发学生情感，提高教学效果呢？

（二）巧用影视历史，激发学生情感

李青华：当然可以啦！历史学科是一门具有较强的思想教育作用的学科，历史教学一定要突出“情感、态度与价值观”的教学目标，带有爱憎分明的情感。

教师在历史教学过程中应该寓思想教育于历史知识的传授之中，同时，通过师生感情交流，创设特定的历史情境，培养学生的高尚情操。利用信息技术教学手段，特别是播放一些数字化的影视片段可以激发学生的爱国情感，培养他们永不放弃、刻苦钻研的学习精神。

钟娟：李老师，我就这样做了。在“九一八事变和抗日救亡运动”这一课中，当讲授张学良、杨虎城发动“西安事变”的背景时，我选用了“临潼请愿”这段视频。大家来看教学片段（播放）。

这段视频当中最有震撼力的部分是学生爱国请愿打动了张学良，让张学良决心“苦谏”，“苦谏”不成，便“哭谏”，“哭谏”不成，便“兵谏”。这一段展现张学良决心发动西安事变的视频将学生瞬间带到了那个民族危亡、需要救国分忧的年代。那么大家在观看的时候，必然与“临潼请愿”中的学生、张学良产生爱国热情的共鸣。这样，“情感态度与价值观”的教学目标就达到了，同时还激发了大家学习西安事变的兴趣，提高了教学效果。

贺艳琼：我也是这样做的。我的这堂课选用了两段视频。除了刚刚提到的“公车上书”外，我还在讲述维新变法运动失败的时候，选用了《〈走向共和〉之谭嗣同》，让学生真切感受谭嗣同甘愿为变法流血牺牲以唤醒民众的民族大义。大家来看教学片段（播放）。

这种做法，巧用了影视激发学生情感，效果很不错！

主持人：当下，“影视历史”已经成为历史教学的重要素材。随着教育信息化的发展，“三通两平台”得到扎实推进，网络带宽持续扩容、教学设施不断改善，使音视频文件得到大量快速传播，使传统课堂上难以实现的影视教学成为常态化。

李青华老师，您认为“影视历史”运用到课堂教学中有哪些作用呢？

李青华：我认为，有四个比较明显的作用。一是重返现场。影视历史让学生瞬间穿越历史，身临其境，有利于激发学生历史学习的兴趣。二是活跃思维。历史视频视听兼备，能将学生的视觉、听觉充分调动起来参与学习，有利于学生对历史知识的掌握。三是价值渗透。历史视频能在不经意间渗透意识形态和价值观，有利于培养学生的历史情感。四是美学熏陶。影视是艺术，从这种意义上说，在历史教学中它的价值体现就是美学熏陶。

贺艳琼：我非常赞同李青华老师的分析。电影刚传到中国时，鲁迅先生曾说过，“用活动电影来教学生，一定比教员的讲义好，将来恐怕要变成这样的”。著名学者徐葆耕先生认为，现代中国20世纪60年代以后的人对日本侵华的记忆，大约70%来自影视剧。《地道战》《地雷战》《铁道游击队》《平原游击队》等，这些历史剧构建了抗日历史。

由此可见，把历史视频片段运用到历史教学中，其意义非同一般。

主持人：谢谢各位老师的分析。历史影视频在历史教学中怎么用，也就是什么时候该用，什么时候不该用很重要，滥用、乱用肯定发挥不了历史影视频的作用，找准历史影视频在历史教学的最佳作用点很重要。它是指在实现课堂教学目标的过程中，最适合发挥历史影视频教学优势的节点。这个节点找准了，它的作用就会事半功倍；找不准，就会事倍功半，既造成浪费，又达不到教学目标。贺艳琼老师、钟娟老师，你们在教学中，是怎样找到这样的节点的？

钟娟：我一般都会把恰当的历史影视频插放在突出和强化教学重点上。大家都知道，影视片段视听兼备，不仅直观、生动、形象，还富有感染力，把历史知识轻松地呈现在学生面前，压缩空间感和距离感，让学生以轻松愉快的心情参与到课堂教学中来，不经意间掌握历史知识，从而达到较好的教学效果。教学重点是构成知识体系中最为重要和最本质的学习内容，是学生最应该掌握的知识点，所以，教师在影视视频教学过程中，应该努力突出和强化教学的重点。

贺艳琼：钟娟老师讲得很好。还可以把历史影视频运用到突破、解决教学难点上。教学难点，主要指由于知识的深度、学生的经历以及知识的模糊性造成学生在学习过程中遇到的困难。影视视频信息量大、直观，把本来不能再现的历史现象真实地或近似地展现在学生面前，帮助他们在头脑中形成历史形象和情景，增进学生对历史知识的正确理解。所以，运用影视视频突破教学难点往往能深入浅出、事半功倍。

主持人：实际教学中，我们却发现，有些老师运用历史影视频后，效果并不那么明显，有时影视片段的使用甚至成为“哄堂”的源头，结果反而是适得其反。李青华老师，请您给我们讲讲，除了选择恰当的节点外，我们还要注意些什么呢？

李青华：这个问题问得非常好。利用历史影视频的教学，最容易出现的问题是“为放视频而放视频”。所以，除了恰当的节点外，还要注意以下几点：

第一，影视频片段与教学主题不能脱节。

第二，影视频片段使用效果不能停留在表层。

某老师在讲述抗日战争“日本无条件投降”的时候，引用了《映像的世纪》一个片段。纪录片中有日本广岛、长崎被原子弹轰炸之后的惨烈情况。这段视频的播放起到了教师事先没有预料到的后果：有些学生表示，日本得到这种结果是活该。教师在同学生进行了简要的交流后没表态，就转入下一个环节——抗日战争胜利的伟大历史意义。

其实，这位教师在这个环节的处理上丧失了一个难得的历史教育的契机。日本遭受原子弹轰炸事件，从价值评判上具有一定的复杂性。用原子弹轰炸日本确实加速了日本法西斯的覆灭，但教师应该告诉学生，拒不投降是导致该事件出现的重要原因。核武器使用的严重后果教师也要告诉学生。在这种价值引导上，教师不应当缺位。

第三，影视频的内容要集中，时长要短。

某老师在讲授“五四爱国运动”时，裁剪并使用了电影《我的1919》的两个片段。第一个片段是顾维钧和日本外交官在巴黎和会上的对峙，时长7分钟；第二个片段是巴黎和会的最后关头，顾维钧毅然抗争，没有在条约上签字，时长5分钟。一些学生在课后反映这堂课的电影给他们留下了深刻的印象。

然而，我们却不认为这节课影视频的使用是成功的。教学材料的使用要围绕教学目标、教学主线特别是教学重点进行组织。那么，在这节课中，教师用12分钟的时间来展现巴黎和会上一位中国代表的斗争，是否妥帖就显而易见了。

主持人：教育信息技术的发展，网络的提速，教学硬件的改善，为我们常态化开展历史影视频教学创造了条件，为我们提高教学效果开辟了有效的途径。感谢各位老师分享自己的经验。

（三）创新应用历史形势图，培养思维能力

主持人：各位老师，历史形势挂图广泛用于传统教学，其辅助历史教学的作用众所周知。我想问的是，当下，随着教育信息技术的发展，我们在信息技术条件下，应如何创新应用一些历史形势图，来提高教学效果？

李青华：是的，信息技术的应用可以让学生更形象地了解历史地图。以往历史课中的地图，大多是静态的，而信息技术的发展使地图“活起来”成为可能。可以利用Flash技术制作，也可以利用PPT制作。例如，我们在教授“三角贸易”一节时，可以采用动画效果来展示三角贸易的“出程”“中程”“归程”路线、船载的物品。生动、具体、形象的画面，一定能吸引学生的眼球，提升学生探究的兴趣。这是传统历史地图册无法实现的，充分显示了信息技术的重要性。我们来看PPT动画效果（播放课件）。

贺艳琼：李老师讲得非常好。我曾在“人民军队和革命根据地的创建”一课中，利用PPT动画效果对“农村革命根据地形势图”作了处理。我先展示灰色的“形势图”，然后过渡到彩色的“形势图”，用红颜色来突出全国各地农村革命根据地，这种变化可以帮助学生深刻理解“星星之火，可以燎原”。大家来看（播放课件）。

钟娟：您这么说，我就想到了历史上其实有很多的战争场面，还有丝绸之路、郑和下西洋、红军长征的线路等等，是不是都可以使用动画效果，让一些重要的战役、线路随着箭头的闪亮移动有序登场，让那些波澜壮阔的战争画面和错落有致的路线，深刻地印在学生的脑海中，从而提高教学效果呢？

主持人：对。通过动态的文字、动感的画面，一幅幅历史画面生动地呈现在眼前，学生很容易顺着历史画面，进入历史的氛围。所以，教师只要认真收集、整理，恰当地运用，就可以变枯燥的历史“一言堂”为生动的历史“大观园”。

各位，在利用动画来辅助教学上，除了历史形势图以外，还有哪些好的典型？

贺艳琼：在网上有很多动画化的历史资源。我在敦煌旅游网里看到过“Flash敦煌莫高窟景观”，它将敦煌莫高窟的景貌和众多的窟内景象搬上了网络平台。大家请看相关场景（点击播放）。如果把它运用于教学，敦煌莫高窟一定会给学生留下深刻记忆。

钟娟：我也见过许多Flash制作的历史教学资源，不知道大家有没有看过搜狐网络版的《清明上河图》呢？它非常地生动，形象地再现了《清明上河图》当中刻画的东京市井的生活情况，如果引导学生欣赏，不仅能让学生轻松地理解北宋经济发展的状况，也能提升学生的读图能力和赏美能力，使波澜壮阔的场景深刻地印在学生的脑海中。这种声情并茂的效果应该是传统教育技术所无法比拟的。

主持人：你们讲得非常好。这些资源一旦引入课堂，孩子们的注意力会很集中，积极性会很高，教学效果也会非常好，一定能为我们历史学科“圈”不少的“粉”。

四、讨论主题：历史教学中教师应具备的信息技术素养

主持人：历史这一学科的特点决定了，它有运用信息技术辅助教学的需求。这就要求历史教师必须与时俱进掌握信息技术知识，提升信息技术处理能力，以适应教育形势的发展。扬长避短，使古老的历史学科在先进的信息技术的支撑下焕发青春。各位老师，你们在这方面可有好的建议呢?

贺艳琼：信息技术作为中学历史课堂教学的一个重要补充，它能帮助教师从传统的教学模式中解脱出来，使学生充分体会到学习的乐趣。

教师作为学生学习的参与者、合作者和指导者应该具有渊博的学识。所以在知识的广度和深度上，在教育教学理论和教学手段上，都要不断学习，不断提升，这样教师在课堂上“导”的作用才会发挥得更加淋漓尽致。

钟娟：结合我的教学实践，我觉得在运用信息技术手段进行历史教学的时候，有几个方面的问题一定要注意。一要发挥信息技术的优势，弥补不足，方式要多样化，才能够更好地为教学活动服务。二要注意信息技术的运用只是完成教学活动的一种手段，不能喧宾夺主，要合理选择运用信息技术和数字化资源。三是信息技术使用的出发点是为了学生更好地学习，应该用在突破难点、突出重点上。四是资源的选用要符合教学内容，要真正体现信息技术手段和数字化的使用价值。

主持人：并非使用了信息技术就能保证教学的成功，还需要我们根据历史教学的特点灵活地运用信息技术。李青华老师，请你给一些有操作性的建议吧。

李青华：钟娟老师的建议非常好。好钢要用到刀刃上，教师用信息技术辅助历史教学也要把握这个“度”。这个“度”，我认为可以体现在处理好两组关系上：一要摆正信息技术手段和教学目标的关系。根据每堂课的教学目标来设计课件，是获得事半功倍效果的关键。二要明确信息技术手段与教学内容的关系。信息技术教学手段不能游离于教学内容之外。

贺艳琼：确实是这样，运用信息技术辅助历史教学，要求教师树立开放的

教育理念。在全面推进教育信息化的今天，教师只有掌握一些信息技术的基本技能，才能把握时代的脉搏。

主持人：其实，在钟娟老师、贺艳琼老师的课件中，有丰富的图片、声音、视频等媒体素材，在备课时，她们应该花了大量时间和精力，充分展示了两位老师较高的信息技术素养。从技术层面来看，历史教师应拥有以下四类技术：

第一类，资源的获取技术，包括搜索、下载的技术。

第二类，资源的加工技术，如图片、文字、声音、动画、视频等加工处理技术、微课制作技术等。

第三类，资源的整合应用技术，课件制作、微课制作技术、图文编辑技术等，软件有PPT、Word、Ispring、CS，以及一些适合移动终端的软件，还有一些App封装技术。

第四类，信息技术的交流技术，空间建设与应用、QQ和微信等聊天工具，以及公众号等一些网络分享技术。

钟娟：网络条件下，数字化资源的分享信奉“拿来主义”，这就看你会不会拿，拿来后会不会用。有了你们几位老师介绍的经验和技能，今后我一定要获取更多的资源，应用于初中历史的信息化教学，让自己的历史课堂变得更高效，这样，就让“信息技术下的初中历史教学改革风暴来得更猛烈些吧！”

五、总结

主持人：利用信息技术手段优化初中历史教学，使历史课堂教学变得更为丰富，大大提高了历史课堂的教学效果，当然这对历史教师的信息技术素养要求是比较高的。希望今天的交流，能给您在历史教学中带来一定的帮助和启迪。好的，接下来进入优课教研室的在线互动环节，希望大家踊跃参加。

2017年5月25日

“从山东问题看华盛顿会议”微课设计案例与点评

一、设计意图

第一次世界大战后，美、英、日三国都觊觎中国的山东，其中争夺最为激烈的是美日两国，英国是一个重要平衡点。本设计以山东问题为视角，帮助学生了解华盛顿会议意在解决巴黎和会上未能解决的问题，进而体会美国在华盛顿会议上的对日优势，与英国的支持息息相关。

二、设计方案

教师讲述：巴黎和会上，中国外交受挫，国内弥漫着对和会的不满情绪；然而，对巴黎和会更为不满的是美国人。以大国身份参加和会的美国，同样遭受了外交挫折，这是什么原因呢？

教师指出：起因是在对德国属地的处理上，英美两国主张不一。英国希望瓜分德属赤道以南的太平洋岛屿；但美国不支持直接转让，希望采用国际托管的方式。

继续讲述：日英两国在战后瓜分德国属地上相互支持。请看这两则材料，材料一显示日本希望在巴黎和会上得到英国的支持，继承德国在山东及赤道以北德属岛屿的权益。材料二显示英国同意了日本的要求，条件是日本支持英国瓜分德属赤道以南的太平洋岛屿。

材料呈现：

材料一：日本政府希望得到英国政府的保证，即在和会上，英国政府将支持日本处置德国在山东的权益和在赤道以北岛屿属地的要求。

——1917年1月27日日本外相本野一郎对英国驻日大使格林的谈话

材料二：英国政府愉快地同意日本政府的要求，同时要求日本政府理解，它将在最终的和平解决方案中以同样的精神对待英国对在赤道以南的德国岛屿的要求。

——1917年2月16日英国驻日大使格林照会本野一郎的内容

继续讲述：英、日在瓜分德国属地上相互支持的共识，与美国对德国属地处理的主张不一致，美国主张国际托管而不是直接转让。但英法以一战期间英法与日本签订的密约为由向美国施压，美国在外交上处于不利境地。

此时，日本以退出国际联盟相要挟，美国最终屈服。美国在巴黎和会上遭遇的外交窘境，成为日后美国提出召开华盛顿会议的重要原因。

教师指出：诱因是英国担忧日本独霸中国开始支持美国。

教师讲述：日本占领山东，对英、美等国利益产生了不利的影响。请看这则由北京的英美侨民协会通过的决议。它称：这极其严重地妨碍自己的经济利益的发展，后果将会大大地加重。

材料呈现：

材料三：巴黎和会关于山东问题的决议……将极其严重地妨碍中国和其他国家的经济利益的发展……日本现在代替德国，那么这种罪恶的后果还将会大大地加重。

——姚波《从第一次世界大战后的山东问题看美日矛盾》

继续讲述：果然，日本依靠英国的支持，在中国攫取了大量的利益，但在中国的行动并没有再表现出对英国的感恩。日本独霸中国的企图日益明显，其在远东的海军发展也让英国大为吃惊，这种行为损害了英国在中国的利益。

英国开始支持美国在亚太地区的立场，中国驻英公使顾维钧称英国在处理远东及太平洋问题上，倾向支持美国高于日本。

由于英国的态度转向支持美国，日本在华盛顿会议上的处境变得艰难。一是巴黎和会上中国没有签字的悬案“山东问题”，由“直接交涉”变为“在英美干涉下交涉”。二是《解决山东悬案条约》的签订，致使日本在山东的铁路和矿山权利或放弃或受到限制。

教师引导学生小结：美、日两国在中国山东问题上争夺激烈。巴黎和会上美国未能在山东问题上如愿，国内反感情绪严重。解决山东问题成为美国提出召开华盛顿会议的一个重要原因，而其中英国态度的转变极大地增加了美国的政治筹码。

三、设计点评

本微课以巴黎和会与华盛顿会议中英国态度的变化展开，这有助于学生认识到，华盛顿会议是巴黎和会的延续，同时英国态度的转变，是美国在华盛顿会议上对日争夺胜利的一个重要原因。

2018年12月6日

“从林肯对黑人奴隶制的态度看美国南北战争”微课设计案例与点评

一、微课设计背景

自微课出现以来，国外学者对之进行了系统的研究。就目前能搜索到的学术成果看，国内外暂时还没有有关历史微课突出的学术成果。当然，国内外微课的研究已经有系统成熟的经验，这对初中历史微课设计、制作和应用具有借鉴意义。在这样的时代背景下，以微课为抓手，努力将历史课堂教学与现代信息技术深度融合，突破传统教学方式和学习方式的限制，发挥微课在突出重点、破解难点上的作用，这对推动历史课堂教学的改革与发展十分重要。

集图片、文字、音影为一体的微课，能够生动呈现历史情境，化抽象为具体，引发学生思考，更能够提升学生辨析史料的能力。针对部编初中历史尚无系列微课资源的情况，我们开展了“部编新教材初中历史微课资源开发及应用研究”课题研究，创作了覆盖历史学科初中阶段所有课文的系列微课，微课“从林肯对黑人奴隶制的态度看美国南北战争”是其中一节。

二、微课设计意图

一节微课短短几分钟，该讲什么？能讲什么？要达到怎样的教学目的？所以，教师设计微课之前就应该规划好完整的设计意图，它将成为微课设计和制作的指挥棒。微课“从林肯对黑人奴隶制的态度看美国南北战争”在规划设计意图时，我们认为，如果单纯关注历史发展的结果，美国南北战争无疑是一场解放黑人奴隶的战争，但这种判断有些简单和武断。因为在南北战争中，林肯始终把维护国家的统一摆在第一位，而在对待黑人奴隶制的态度上，林肯最初只是“同情”“痛恨”和“主张限制”，直到维护国家统一与废除黑人奴隶制直接联系在一起了，才主张“废除”。本微课以林肯对黑人奴隶制的态度为视角，帮助学生多角度理解美国内战。

三、微课设计方案

微课“微”而“全”，“微”即短小精悍，“全”即“五脏俱全”。微课设计应该简短且结构完整。在设计和制作微课的过程中，我们根据历史学科的特征，突出了史料教学的应用，探索了史学阅读与微课设计相结合的“三环节”模式，即“设疑导入—史料解读—引导小结”（如图1）。

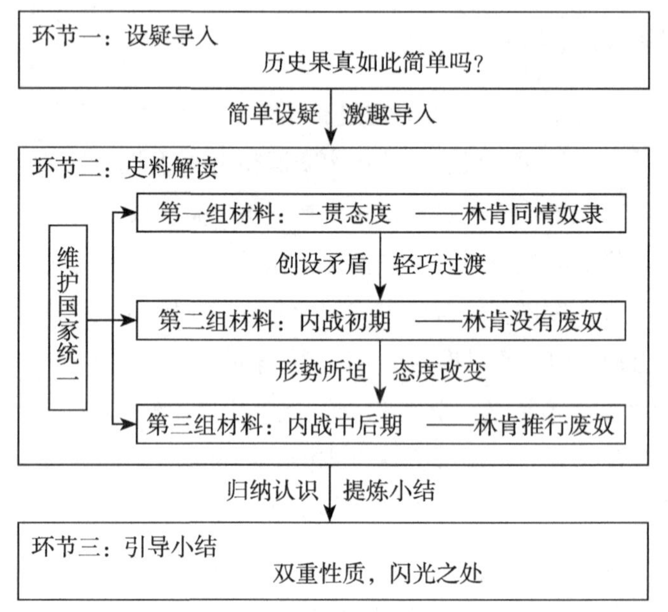

图1 微课“从林肯对黑人奴隶制的态度看美国南北战争”设计方案

环节一：设疑导入

微课导入环节，应快速完成；但若单刀直入，平淡乏味，势必不能吸引学生。教师根据初中生喜好追根求源的心理特点，在导入环节，给学生创设一些疑问，抛出问题，创设矛盾，使学生产生浓厚的学习兴趣，快速进入主题。微课“从林肯对黑人奴隶制的态度看美国南北战争”导入环节设疑如下：

教师讲述：说起美国内战，熟读历史课本的人可能会脱口而出，“这是一场为解放黑奴而进行的战争”。但历史果真如此吗？

在这里，教师直接抛出质疑世俗观点的问题：历史果真如此简单吗？老师的问题耐人寻味，能够立即激发学生继续探秘和学习的兴趣。

环节二：史料解读

由于历史都是过去发生的事，为了还原历史真相，很多历史学家往往皓首穷经。而史料实证既是历史学科核心素养之一，也是历史教学重要的情感价值目标，史料是最能够反映历史真相的素材。所以，微课也应该将符合史实的材料作为证据，通过解读，帮助学生正确、客观地认识历史。

在微课“从林肯对黑人奴隶制的态度看美国南北战争”史料解读环节设计上，我们认为，在坚决维护国家统一的前提下，林肯在对待黑人奴隶制存废的态度上，经历了由“同情”到“废除”的转变，这是本节微课的重点和难点。我们围绕林肯态度的转变，出示了环环相扣的三组材料。

第一组，围绕“一贯态度：林肯同情奴隶”出示了林肯“同情”“痛恨”黑人奴隶制度的材料，让学生认识内战初期林肯主张“限制”奴隶制的原因。

教师讲述：林肯最初是同情奴隶，痛恨黑人奴隶制度的；因为黑人奴隶的处境非常悲惨。他们“晚上睡觉没有床……每天干完地里的活，回来还要浆洗、修理……裹着自己的破毛毯，在又冷又潮的地上睡觉”。由此可见，黑人奴隶的劳动强度很大，生活环境非常恶劣，奴隶主残暴，虐待奴隶。

材料呈现：

材料一：林肯作为个人一直是反对奴隶制的。

——丁则民《美国通史：美国内战与镀金时代》

材料二：晚上睡觉没有床，成年奴隶……每天干完地里的活，回来还要浆洗、修理、烧饭，睡觉之前还要准备好明天干活的工具。这些事做完后，男女老少挨个躺下，各自裹着自己的破毛毯，在又冷又潮的地上睡觉，直到次日一早被号声叫醒，继续下地劳作。

——李军《自由的新生：美国内战风云录》

第二组，围绕“内战初期：林肯没有废奴”出示林肯最初不实行废除黑人奴隶制原因的材料。这组材料是在解读第一组材料的基础上出示的。它通过教师设问“同情奴隶的林肯，为什么在就职时绝口不谈奴隶问题，也没有立即解放黑人奴隶？”进行过渡，其内容让学生认识到林肯不会为了解放黑人奴隶而置维护国家统一于不顾，这样的代价是林肯不能承受的。

教师设问：林肯在发表第一次就职演说时，绝口不谈奴隶问题；在内战爆发后，他也没有立即去解放黑人奴隶。这是为什么呢？

教师讲述：北方士兵对黑人种族的歧视观念根深蒂固，他们支持联邦而战，却不主张为解放黑人奴隶而战。林肯如果在战争初期解放奴隶，就会失去北方士兵的支持。这是林肯不能接受的。

请看材料三。保持这些边境蓄奴州的奴隶制，可防止这些州参与叛乱，增强北方的实力。如果林肯在战争初期解放奴隶，这些边境蓄奴州就不会支持林肯，甚至会反对林肯政府。

材料呈现：

材料三：边境诸蓄奴州肯塔基、马里兰、密苏里和德拉瓦尔还留在联邦内没有参加叛乱。前三个州是大州，是联邦士兵的主要来源。

——黄建平《论林肯的奴隶政策与国家统一思想的离合》

教师继续讲述：基于这样的考虑，林肯没有立即解放黑人奴隶。请看材料四，范红军在《林肯种族观的侧面探微》一文中指出：废除奴隶制是扭转战局的措施，而非战争的目的。

材料呈现：

材料四：林肯对南方奴隶制度一直持宽容的态度，即使在战争初期也不例外；而废除奴隶制度只是为了扭转战局的临时性军事措施，是赢得战争的手段，而非战争的目的。

——范红军《林肯种族观的侧面探微》

教师继续讲述：由此可见，林肯把维护美国统一作为战争的至上目标，不会为了解放奴隶而置国家的统一于不顾。

第三组，围绕“内战中后期：林肯推行废奴”出示美国内战中期林肯“废除”奴隶制原因的材料。教师让学生通过材料解读，认识在北方军事屡屡失利的紧要关头，林肯再也不能回避废除奴隶制了。这里是林肯态度转变之处。教师通过出示不同角度的材料，帮助学生认识林肯决定废除奴隶制，仍然出于维护国家统一的目的。

教师讲述：北方在军事上屡屡失利，导致兵源严重不足，引起北方废奴呼声高涨。如果林肯再不解放黑人奴隶，那么北方的军队将会受到很大的影响。在这紧要关头，林肯决定废除奴隶制。于是，他果断地推出了《解放黑人奴隶宣言》。正如材料五和材料六所说，所有叛乱州境内的黑人奴隶获得自由，废奴主义者取得了最后胜利。

材料呈现：

材料五：从公元1863年1月1日起，凡在当地人民继续反抗合众国的任何一州之内，或一州的指明地区之内，被人占有而做奴隶的人们都应在那时及以后永远获得自由。

——李军《自由的新生：美国内战风云录》

材料六：废奴主义者也认为，他们的神圣愿望已经因林肯签署《宣言》而取得了“最后胜利”。

——余志森《林肯与〈解放黑人奴隶宣言〉——兼议林肯是否为废奴主义者》

环节二通过以上三组材料，厘清了林肯从“同情”到“废除”黑人奴隶制态度的转变，用材料解读、史料实证的方式，引导学生探究林肯从最初“同情”黑人奴隶，到出于维护国家统一的需要而实行“废除”黑人奴隶制的过程，既突出了重点，也有效突破了教学的难点。

环节三：引导小结

微课小结不是可有可无的“点缀”，而是微课教学的重要环节和组成部分，具有归纳总结、巩固知识、升华提高、拓展创新等重要作用，会直接影响微课的学习效果。本节微课小结部分侧重于升华提高、画龙点睛、呼应开头。它一方面提炼出内战在客观上具有维护国家统一和解放黑人奴隶的双重性质，另一方面引导了学生认识林肯是始终把维护国家的统一作为最高目标的。

教师引导学生小结：至此，美国内战与解放黑人奴隶直接联系在一起了，这场战争客观上具有维护国家统一和解放黑奴的双重意义。这也让人们认识到林肯的可贵之处：认为国家的统一问题远比奴隶制问题更重要。

四、微课设计点评

本节微课设计和制作后，课题组成员立即应用于历史教学，老师们一致认为：本微课以林肯对黑人奴隶制的态度为视角，通过分析林肯从最初“同情”黑人奴隶，到维护国家统一的需要而主张并实行“废除”黑人奴隶制的过程，厘清林肯从“同情”到“废除”黑人奴隶制态度的转变，与维护国家统一的内在联系，这有助于学生认识到，奴隶制的存废从属于美国的统一。丰富的史料，通俗的解读，严谨的论证，生动的情境，瞬间拉近了抽象历史知识与学生的距离。这种微课深受学生喜爱，在客观上提高了学习效果。

2018年12月16日

中考：宝剑锋从磨砺出，梅花香自苦寒来

2016年邵阳县九年级第一次模考历史试题分析评价报告

一、基本数据

（1）全县考试人数9303人，实考人数9192人，其中成绩在60分及以上的考生人数（及格数）4393人，成绩在80分及以上的考生人数（优秀数）1008人。考生成绩最高分100分，90—98分的有112人，80—89分的有895人，70—79分的有1521人，60分以下的有4799人。全县平均成绩56.42分，及格率47.79%，优秀率1.23%。学生得分很低。

（2）各学校成绩情况。

平均分上，全县平均分56.42分，各学校平均最低分（41.18分）与最高分（73.79分）相差32.61分，平均分70分以上学校仅2所，平均分60—69.9分的学校仅13所，平均分低于60分的学校有32所。这反映大多数学校还没有结束新课，学生基础十分薄弱。

及格率上，全县及格率47.79%，及格率80%以上的学校仅2所，70%—79.9%的学校仅5所，60%—69.9%的学校仅5所，低于60%的学校有35所。

优秀率上，全县优秀率1.23%，高于5%的学校有3所，有23所学校的优秀率为0。

二、试卷总体评价

（一）指导思想

本次命题是在县教研室的领导和组织下实施的，命题坚持以《湖南省2013年版初中毕业学业水平考试历史考试标准》、2015年邵阳市初中毕业学业水平考试历史试卷等为指导，结合邵阳县九年级历史教学的实际，紧扣市中考研讨会热点举隅，精心命制。本试卷对我县九年级历史新课教学和学生的基础进行了一次全面诊断，目的是查找邵阳县九年级历史教学备考中存在的问题和不足，总结和探讨九年级历史复习备考的有效途径和模式，为邵阳县九年级历史学科最后冲刺提供指导依据。为此，本试卷在命题中依然遵循了如下原则：

（1）命题注重对历史学科主干知识、基础知识的考查，突出对考生掌握基础知识点的诊断功能。

（2）充分体现中考导向的功能。本次命题紧扣2015年邵阳市历史中考试卷的特点和命题取向，并遵循多年来邵阳市历史中考研讨会的精神，试卷在重视考查学科基础知识的同时又十分注重考查学生学科意识和学科思维感悟能力。

（3）关注时政热点、周年性大事和乡土史料。命题突出时代特征，联系社会热点，关注历史学科和现实生活以贴近学生生活。

（4）回归教材，适当创新。根据邵阳市中考历史命题新趋向，结合大多数学校刚刚完成或尚未完成新课教学的实际，本次考试侧重对课本基础知识和热点专题的考查。

（5）试卷难度力求与2015年邵阳市毕业考试卷相当，试卷难易题比例为：容易题0.75以上，稍难题0.65—0.74，较难题0.65以下。

（二）基本情况分析

1. 历史试卷结构

（1）题型、分数分布比例：选择题20题，占40%；综合题4大题，占60%。

（2）组卷：试卷按题型、内容等进行排列。其组合如下：

中国古代史约30%，中国近代史约25%，中国现代史约10%，湖南地方文化常识约10%，世界古代史约5%，世界近现代史约20%。

（3）双向明细表。（略）

2. 考生得分

（1）选择题得分情况。

共20个，每个2分。难度偏低题占5个，难易适度题占7个，考生得分较低的较难题占8个，考生平均得分24.70分。中国历史部分（1—14题）学生得分较低，世界历史部分（15—20题）学生得分稍高。

选择题各个小题情况见表1。

表1　选择题情况

题序	得分率	难度	题序	得分率	难度	题序	得分率	难度
1	82.48%	难度偏低	8	34.33%	较难	15	83.72%	难度偏低
2	68.67%	难易适度	9	57.02%	较难	16	69.02%	难易适度
3	27.48%	较难	10	64.06%	难易适度	17	54.2%	较难
4	52.87%	较难	11	70.68%	难易适度	18	68.37%	难易适度
5	95.12%	难度偏低	12	65.67%	难易适度	19	33.77%	较难
6	63.1%	难易适度	13	45.52%	较难	20	79.99%	难度偏低
7	87.92%	难度偏低	14	46.13%	较难			

（2）综合题得分情况。

共分成六块，各块考生得分情况如下：

第一块［第21题（1）（2）小题，满分10分。］：该块试题包括判断题、填空题，考生平均分5. 66分，难度适度，学生知识再现能力较差。

第二块［第21题（3）小题、第22题（1）小题，满分10分。］：该块试题包括连线题、开放性问答题，平均分6.47分，难易适度。

第三块［第22题（1）（2）小题，满分10分。］：该块试题包括指正题、简答题，考生丢分多，平均分5.33分。

第四块［第23题（1）小题，满分12分。］：该块试题包括简答题，平均分5.74分，学生知识再现能力较差。

第五块［第23题（2）、第24题（1）小题，满分8分。］：该块试题包括改错题、开放性简答题，平均分3.72分。学生历史知识掌握能力较差，知识迁移能力和应用能力弱。

第六块［第24题（2）小题，满分10分。］：该块试题内容为湖南地方文化常识，包括填空性、开放性简答题，平均分4.51分。

（三）试题总体特点

1. 试卷难度适中

本次模考试题严格依据2015年邵阳市中考试题的设计模式和难易程度命制，坚持了2015年邵阳市初中毕业水平考试历史卷在结构、题型和难易程度等方面的设计原则，试题考查强调了知识的覆盖面，涵盖了《湖南省初中毕业学业水平考试标准》所规定的岳麓版初中历史6本教材和湖南地方文化常识的知识。试卷难度略低于2015年中考卷，在考查历史基础知识的同时，突出了对学生能力的考查。从整体看，题目综合性比较强，综合题四个大题内容跨度较大。试题有利于引导学生归纳整合知识，学会多层次、多角度地去认识历史现象与本质。

2. 注重考查综合能力和知识迁移能力

试题注重考查考生解读史学文献、提炼有效信息的能力，以及灵活运用分析、综合、比较、归纳等方法思考和解决问题的能力，贯彻了考试标准的要求。试题特别考查了获取和解读信息的能力，如四个综合题，考查学生调动和运用知识的能力，描述和阐释事物的能力，综合和探讨问题的能力。

3. 重视试题创新思维

试题题型、考查侧重点与中考试题相吻合，试题在设计上增强开放性、答案设计上体现多元化。例如，第22题设计了连线题，第21题设计了判断题，第24题设计了改错题，且四个综合题都设计了开放性试题，试题重点考查考生发现问题、分析问题和解决问题的探究学习能力，给考生发挥个性特长留有充分余地，有利于开拓考生的思维，培养其创新意识。这体现了新课程对情感态度价值观的考查，也符合近年来邵阳市中考历史试题的趋向。

4. 试题贴近生活，关注民生、时事和热点试题，延续了近几年邵阳市中考历史卷命题的特点

试题没有盲目追随热点问题，而是在重视基础知识和基本技能的基础上植入了2016年中考社会热点问题，做到了适度关注时代主题的同时，让学科知识和时代特征有机结合，使科学性与人文性相得益彰。

5. 试题图文表并茂，材料丰富、新颖，有利于考查学生阅读、理解、识图等能力

如考查学生分析图表，获取历史信息的能力。这正是近年来邵阳市历史中考卷的重要特征。

（四）学生答题错误分析

1. 选择题答题中存在的问题

（1）考生基础知识不扎实。考生受开卷考试影响，对教材不熟悉，对该识记的重要知识点记得不牢，完全依靠翻书答题；而实际情况是既翻不到要找的内容也没有充足的翻书时间。

（2）审题不够，提取有效信息的能力低。阅读理解能力差，观点理解不透，审题不清，导致有些基础知识题出现严重失分现象。

（3）知识迁移运用能力较低。例如，第21题（3）小题，答案隐藏在材料中，较多考生理解不了材料的内容。

（4）网上评卷填涂技巧与要领不熟。有的考生没有按照要求填黑填满，出现“未作答”情况；有的考生修改答案时没擦干净，出现“多选”情况；有的考生在没有把握时未大胆猜测答案，分丢得可惜。

（5）学生历史成绩较低的一个重要原因，是各学校历史课周课时开设不一。有每周开2节的，也有每周开3节的；且大多数学校没能高效完成教学进度，也没能在3月底前完成中国历史第一轮复习。历史学科要想在全市中考中打个胜仗，加快教学进度十分重要。

2. 非选择题答题中存在的问题

（1）考生历史学科素养整体较低，开放性试题仍然是学生丢分大题。主要表现在：考生表达词不达意、语言表述欠妥、不按设问要求作答且答非所问、与史实不符，甚至出现价值观的错误和写错固定的词语名称的错误。

（2）缺乏必要的审题、分析问题能力。没有充分理解材料和题干，从材料中获取有效信息的能力不强。学生吃不透材料，知识点把握不准，不能抓住材料中的关键句子答题。

（3）字迹潦草，涂改过多，错别字多。

（4）对于一些比较接近的知识点容易混淆，知识掌握得不扎实。

三、教学改进建议

（一）要重视教材，系统复习基础知识

在考试规定时间里，完全依靠翻阅教材和教辅资料来高质量地完成考试是不可能的，考生必须较熟练地掌握知识和具备一定的分析理解能力，较基础性的试题能闭卷答题，才能赢得历史开卷考试。开卷考试不要求考生对知识点能“倒背如流”，但要能“滚瓜烂熟”。

所以，夯实学生基础十分重要。建议各学校教师在5月上旬（全县第二次模考）以前的复习中，不要急功近利、急躁不安，督促学生用好2014年指导丛书历史部分内容，每周复习一册教材，系统复习一遍基础知识。

（二）要重视2016年邵阳市中考研讨会总结的复习专题

根据近年来的经验，复习专题和周年性大事在毕业会考试卷中从不回避，涉及专题复习的试题分值很大。各历史教师和考生要格外重视专题复习的学习和巩固。建议各学校老师要整理好复习专题内容，印发给学生，并在5月中下旬开展专题复习。

（三）加强审题与规范答题指导

用好冲刺试卷，着重引导学生学会如何获取材料信息，如何审题，如何答题和语言表达，如何规范填写答题卡，特别提醒学生答题字迹要工整。要注意用好冲刺卷，不是为了猜题、押题，任何猜题、押题都是不对的。

（四）备足备好备齐开卷考试的资料，不打无准备之战

要求学生备齐初中6本教材、2014年指导丛书中历史部分内容（建议学校统一印制）、2016年中考复习专题内容（建议学校统一印制）、湖南地方文化常识必考部分内容（建议学校统一印制）。考试中遇到要翻阅内容的，第一选择是复习专题内容，第二选择是2014年指导丛书中历史部分内容，第三选择是教材。

2016年4月16日

一道关于"工业革命前后穿袜子变化"试题的探讨

长郡梅溪湖学校的王敏老师在教学中遇到关于"工业革命前后穿袜子变化"的选择题（如下），在群里求助。于是就有了激烈的讨论。

试题：1831年英国出版的《机器的成绩》一书，对工业革命前后的情况进行了这样的对比："两个世纪以前一千个人当中没有一个人穿袜子；一个世纪以前，五百人当中没有一个人穿袜子；现在，一千个人当中没有一个人不穿袜子。"这反映出：

A. 工业革命缩小了贫富差距　　B. 工业革命提高了生产效率

C. 工业革命改变了人们观念　　D. 工业革命促进了社会平等

一、分析工业革命的影响

学者们对工业革命的影响进行了多方面的论述，归纳起来，主要集中在以下几个方面。

（一）对生产力的影响

工业革命促进了社会生产力的迅速发展，使商品经济最终取代了自然经济，手工工场过渡到大机器生产的工厂，这是生产力的巨大飞跃。

（二）对资产阶级的影响

工业革命极大地提高了劳动生产率，为巩固资产阶级革命成果奠定了雄厚的物质基础，使资产阶级专政建筑在社会化的大机器生产和物质财富空前丰富的基础上，使资本主义方式扩展至世界各地，保证了资本主义完全战胜封建主义。

（三）对阶级结构的影响

工业革命使得使用机器生产和现代大工业（工厂制度）逐步代替了工场手工业，资本主义雇佣劳动制度普遍建立起来，引起了社会阶级关系的深刻变化，工业资产阶级和工业无产阶级最终形成。

（四）对全球交通和市场的影响

欧美国家为了促进商品交流，进行大规模交通运输建设，为了扩大海外殖民掠夺和市场，致力于远洋运输网的开拓，逐渐形成了全球性的交通网络，世界市场开始形成。

（五）对亚非拉国家的影响

工业革命加速了弱小国家沦为殖民地和附属国的过程，同时，欧美列强对亚非拉进行殖民掠夺的时候，也不可避免地把欧美先进的工业技术带到这些地区，使这些国家缓慢地走上了工业化的道路，将其卷入了工业文明的潮流之中。

此外，有学者指出，工业革命在发展生产力、在人同自然作斗争方面具有划时代的巨大历史意义。同时，工业革命后，社会日益分裂和混乱，物欲横流，金钱第一，物质享受至上成为许多人的生活目标，人刚刚摆脱大自然的桎梏，但又陷入了社会本身缠结的罗网。如何解决这些问题，是每个正在实现工业化的国家都必须认真考虑的。

二、讨论基本情况

王敏老师说："参考答案是C，但是我们倾向于B，现在在这两个选项中纠结。"李勇老师说："若是机器的成绩，是不是应该选B好些？"但文卫老师反驳称穿不穿袜子跟效率无关，胡杨老师也说穿不穿袜子更倾向于观念，都支持选C。

这时候，哈维老师抛出了一个问题："为什么工业革命前一千个人没有一个人穿袜子，是做不出来吗？生产效率提高仅仅可能影响价格，使价格下降罢了。选B，是因为你把解题重点放在一千人，五百人，机器生产使效率提高，选C，是侧重于由不穿到穿，是一种观念的变化。"

王敏老师开了个玩笑："这就涉及工业革命前一千个人是穿不起袜子还是不想穿袜子。"他接着说："'一千个人当中没有一个人不穿袜子'说明工业革命极大地改变了人类社会的生活，工业革命创造了发达的生产力，劳动生产率的提高反过来降低了商品的价格，之前的奢侈品变成了日常生活中的必需品。也有这样的解释。”“看来，这一题不能往生产效率提高使得袜子价格降低，从以前贵族奢侈消费品变成了平民都能穿得起的生活用品，不是老百姓不想穿而是没得穿这方面去考虑吗？”

周禄丰老师支持大家的观点。他说：“袜子不是奢侈品。手工劳动阶段，自己缝制袜子也不麻烦，连衣服都自己缝制。能自己做衣服就可以自己做袜子，所以这是观念问题。”

三、结论

人们穿不穿袜子，这是生活习惯和生活观念问题。工业革命提高了生产袜子的生产力，同时改变了人们的生活观念。

本题考查的是工业革命的影响。工业革命创造的巨大生产力，使社会面貌发生了翻天覆地的变化。题干中的现象，从很少有人穿袜子到几乎人人穿袜子，说明大机器生产给人类的生活带来巨大变化，纺织业发展迅速。

2020年4月20日

2020年中考历史之高效复习策略

2020年，全市师生中考备考异常茫然。一是历史教材恰逢换挡期，2020年是使用部编教材的第一次中考；二是碰上了新冠疫情，打乱了原先的教学计划；三是教育部出台了命题依据是课程标准而非考试标准的政策。新的形势，新的变化，让历史中考复习面临诸多挑战。为圆梦2020年中考历史，我结合自己的教学实践，谈谈中考历史复习的几点认识和体会，不当之处，敬请批评指正。

一、全面认识中考

（一）了解中考历史试卷的特点

近年来，邵阳市中考历史试卷呈现以下特点：

（1）整体设计上，体现了密切联系时政，贴近学生，贴近生活，贴近时代。注重对人文素养的考查，注重对学生的人文关怀。注意检测学生能否应对和解决新的、开放性的、真实情境下的问题；考试内容不偏重于机械记忆，以切实减轻学生负担。

（2）试题在注重考查学生基础知识和主干知识的基础上，还考查学生知识迁移能力，考查学生分析问题、解决问题的能力，考查学生把学习历史知识与解决现实问题相联系的能力。

（3）试题通过创设新的情境，给学生更多的挑战，让其利用积累的知识，借助已有的学习方法和能力，通过重新认识、独立思考、做出判断，解决新的问题。

（二）帮助学生调整心态，培养自信

学生能攀多高，能走多远，心态是最重要的因素。帮助学生调整历史复

习和迎考的心态，提高学生的复习信心，可以从历史中考的认识角度上引导学生。

1. 中考性质

历史中考是义务教育阶段历史学科的终结性考试，考试的结果既是衡量学生是否达到毕业标准的主要依据，也是高中阶段学校招生的重要依据，兼具水平性和选拔性的双重要求，所以历史中考不会出现偏题和怪题。

2. 难度要求

历史试题按其难度要求分为容易题、稍难题、较难题，其中容易题占70%，稍难题和较难题分别占15%。考生拿下基础题就能拿到70分，应树立信心，不可轻易放弃。

3. 考试题型与内容

题型上，新增历史小论文，写出论点（标题）给2分，得出结论给2分，是个典型的送分题。内容上，湖南文化常识考10分，内容不多，容易上手和得分。

二、认真反思问题

教师要找出中考历史复习存在的问题，对症下药，帮助学生发挥真实水平，拿到该拿下的分数；针对学生在中考历史复习中存在的一些问题，进行归纳总结，帮助学生引以为戒。

（一）复习方法不当

学生不讲究学习规律，复习效率偏低。平时学习“只看不写”“只想不做”“只看不记”“只读不想”等，只满足于“心里知道了”，平时做题懒于动手写出来，这是学生普遍存在的不讲究学习规律的问题，这对基于记忆基础之上的历史学科的学习是个严重问题。我在组织复习过程中，要求学生大声背诵，着重突出“背”“诵”结合，在牢固掌握基础性主干知识的基础上学习历史知识，提升考试成绩。

（二）基础知识薄弱

一些学生对一些历史基本概念掌握不够扎实，对相近概念混淆，不能正确理解和熟练运用，导致考试中基础试题得不到应该得到的分数；还有些学生对一些基础知识的梳理能力不强，缺乏梳理和归纳知识的基本方法，导致做不出综合性试题。教师需要了解清楚学生的问题属于基础知识问题、方法问题还是态度问题。有些学生对文字材料解读有困难，抓不住关键信息，有些同学则是对图表信息解读能力不够，基础知识记忆不牢固。复习中，我注重让学生探究讨论和知识梳理，以提升学生的思维能力和学习能力。

（三）忽视错题归类，用常规思维解题

不少考生在复习过程中，往往不太重视对每次练习或阶段性测试中的错题的整理，更不注意做题后及时反思，出现“屡做屡错”“讲过的还错”的现象。在复习考试中，部分学生由于受解题思维的影响，做题时思考问题比较片面，易受固有概念干扰，导致解题偏离主旨。我在分析试卷时，着重分析试题的答题技巧，要求学生整理错题本，根据遗忘规律提醒学生定期复习巩固。

（四）审题不够仔细

很多学生平时做题时，因为求速度，忽视了准确度，不能根据需要提取有用的信息，或忽视题目的隐含条件，出现看错、答错、写错等情况，导致失分，如忽视题干提示语、关键词等。这可能跟学生不认真，或者是学生平时阅读和表达训练缺乏动力，没有达到应有的能力要求有关系。在分析试卷时，我会着重列举学生审题不仔细的情况，在分析的过程中，加强学生对审题的重视。

（五）答题缺乏规范

很多学生平时不注意运用历史学科语言规范答题，答题不用专业用语，胡乱使用网络语言和本地口语。有的考卷上，只有一个字、两个字、四个字的词语，没有完整的语句，导致本该得分的题不能得分；有的学生书写潦草，涂改随意，导致评卷教师看不清难以给分。我要求学生答题时尽量做到段落化、序号化、条理化。“段落化”就是一个问题回答完毕后要另起一行，或间隔2—4个字符的距离，不能把所有问题的答案挤在一块儿；“序号化”就是回答每一个问题时要在答案前用次序语标示这一问题在该道试题中所处的顺序，注意指代清楚；“条理化”就是按试题所设问的先后顺序答题。每一次考试试卷分析中，我会将规范答题的优秀试卷和问题试卷，分类整理，做成PPT，展示给学生，直观形象，有理有据，指出问题，帮助学生快速改正问题。

三、讲究复习策略

中考历史复习必须要有良好的策略，这是中考历史高效复习的保障，是复习制胜的法宝。科学合理地制定良策需要考虑诸多因素，历史中考已从应试型考试向能力型考试方向转变，所以历史中考复习时要做到知识和能力并重，这是上策。为全面迎接2020年中考，打好2020年中考攻坚战，整个复习可分为三个阶段组织。

第一阶段（4月初—6月初）：巩固知识，夯实基础，系统复习

策略要点如下：

1. 紧扣2019年考标，依据教材，按章逐节

由于最新的政策要求“教什么考什么”，所以命题依据是课程标准而非考试标准。但仔细对比2019年考标和课标，你会发现2019年考标与课标高度一致，2019年省历史考标可以作为复习的重点依据。

2011年版课程标准中没有关于湖南地方文化常识的具体标准。2019年冬天省里召开了湖南地方文化常识研讨会，会议传递了一个精神，就是中考试题应该包含少量地方文化常识内容。所以，仍要依据2019年省历史考标来复习湖南文化常识。

2. 讲究历史知识复习的系统性和连贯性

对历史知识按照时空发展顺序进行复习，复习中注意纵向排列、横向比较，甚至逆向推导。这样能够比较容易地在整个历史长河中，找准相关历史事件的位置作用、影响结果，从而有利于学生记忆和理解，也利于学生构建历史知识网络、历史时空观，形成正确的历史认识。例如，通过对鸦片战争、第二次鸦片战争、甲午中日战争和八国联军侵华战争的系统学习，剖析各个战争之间的内在关联及其影响，在此基础上，才能真正理解中国是如何一步步沦为半殖民地半封建社会的，才能真正通晓中国近代史既是一部屈辱史，也是一部抗争史。

3. 紧扣教材，注重细节

2020届学生第一次使用部编教材，复习中我们要尊重历史，用与书本中相同尺度的语言来讲述历史事实，切忌随意发挥，画蛇添足，导致史观不正，不能切实完整体现国家意志。不论中考考试的形式和内容如何变化，都离不开课本知识，难题、怪题和偏题在中考试题中是越来越没有市场的。

4. 考点精讲，注重主干

由于容量大，时间紧，多年来邵阳市中考只考主干知识，教师在课堂上要求学生注意力高度集中，对非核心知识点快速地浏览，对重点、难点、主干要点则精讲、详讲；可以要求学生提前预习，找出自身的弱点、虚点和盲点，有针对性地在课堂边听讲边消化。以“虎门销烟”为例，学生除了掌握时间、背景、原因、经过、意义等知识，还要能够正确评价林则徐这位伟大的民族英雄，继而理解民族英雄的含义，以及民族英雄林则徐身上体现出的精神，并拓展认知最美逆行者的精神等。

5. 分册训练，巩固提升

分册进行基础知识的考查训练，掌握历史知识。学生对模糊或不会的知识点，通过查阅讲义或书本，弄清楚这个知识点的来龙去脉，对不懂的知识点进行详细注解。

第二阶段（6月初—6月底）：专题复习，联系现实，考前模拟，提升能力

（1）专题复习，经历第一阶段的复习，学生掌握了较多的基础知识，但知识是零碎的、孤立的，学生还不能从宏观上整体把握知识脉络。因此在复习的第二阶段，可将前面所学的知识列成专题，归类总结，比较对照，形成知识网。

（2）复习时，强化历史与现实的联系，搞好热点专题复习。教师引导学生关注中国发展和世界形势，并形成综合观察和解决问题的意识和能力；让学生做近几年的中考历史真题，同时配以模拟试题进行考前演练。考前模拟要做到精选、精练、精讲、精评，要限时、限量，务必有效果出成绩。根据2020年的时政情况，可以着重考虑以下专题：

逢“0”周年性大事，侵略与抗争类（反对外来侵略），国家关系类（中美关系、中俄关系，全球化与世界格局），国家统一类（统一的多民族国家建立、发展与巩固等），新冠疫情类（最美逆行者与杰出人物、英雄的城市武汉、中医药的发展、突发问题的应对等），中国梦类（国际舞台上的中国、中国制度的优越性）。

（3）精讲历史小论文，保证拿高分。历史小论文作为典型的主观大题，写出论点（标题）可得分，得出结论（照应论点）可得分，实际是送分题。教师可以按照高考历史类似试题的固定模式，来训练学生，即遵循“观点（标题或论点）—评析（史论结合论述）—结论（就确定的观点下结论）”三部曲。一般来说，训练3—5篇就差不多了。

（4）苦练模拟卷。教师要求学生按照自己的实际能力拿到应该拿到的分数；对应该答对的试题却丢分的，提出整改意见。

第三阶段（7月中上旬）：再次回归教材，查漏补缺及训练考场答题技巧

回归教材，主要目的是加深对主干知识的记忆，再次巩固已经构建的历史知识网络。教师鼓励学生查漏补缺，运用错题本，巩固易错题；训练考试流程，防止出现考试操作性失误。

以上分享难免肤浅和不够完善，权作抛砖引玉，以期待更多的一线历史教师在中考历史复习方面提出自己的真知灼见。

2020年5月20日

简评钟娟老师“2020年中考历史专题复习之战疫说史”一课

在2020年初中毕业学业评价培训会上，钟娟老师给大家带来了“2020年中考历史专题复习之战疫说史”一课。这是一节时政性很强的专题复习课，是在全国人民乃至全世界人民抗击新冠疫情的大背景下准备的课，时间仓促但很用心。内容虽是历史书上的那些内容，但选取角度却是全新的。现就钟娟老师这节课作简要点评。

一、本节课的亮点

（一）课件精致

准备很精致，教学设计很精致，老师的着装很精致，老师的普通话很精致，特别是课件的准备很精致！体现了课件是为课堂服务的而不是课堂围绕课件来开展的。

（二）选课专题体现时政特点，教学设计很新颖

（1）新冠疫情是2020年最大的时政，牵动千家万户，牵动世界各国。这个专题不是常规专题，但肯定是今年最热的专题。这节复习课角度和内容的选取、组织，一定会给我们今年毕业班授课教师无限启发。

（2）这节课从英雄的城市、英雄的人物、英雄的党、先进的制度、英雄的中医药五个板块，以新冠疫情防控战为线索，进行了一个系统的回顾和复习。教学过程完整，思路清晰。围绕各板块的相关内容开展合作讨论探究，知识点的收与放，合与井，组织灵活自由开放，知识的生存性强，基础知识网络构建效果明显。不管钟老师的专业功底和课堂驾驭能力怎样，都是要付出大量努力的。

（3）小组合作探究贯穿整个教学过程。教师巧行点拨，巧设问题，引导学生自己得出结论，同时又能“节外生枝”引起波澜，激发学生的课堂兴趣。

（4）每个板块的归纳总结环节，都有知识点的呈现，使课堂知识复习内容充实，课堂框架完整，知识梳理清晰，让学生对学习的知识点一目了然。

（三）找准了立德树人在复习课堂中的着力点

如杰出人物的作用和共同点，逆行者精神，先进的社会制度能办大事，中医药发展的前景等，历史学科的核心素养得到了很好的体现，也符合历史试卷开放型试题题型的要求。

二、建议与思考

（1）一节课45分钟这么多内容全部复习完了，这是我们老师复习当中最大的困难，这节课容量也很大，内容也很多，其实每一个板块就是一个小专题，所以一堂课下来，给我有些重点不突出、处处是重点的感觉。

（2）小组讨论的设计，活跃了课堂气氛，但有些内容简单，难度较低，可以改为学生思考，甚至可以直接抢答，不必所有环节均要小组讨论。

（3）因场地问题，课件临时处理，但受时间限制，小细节没有处理好。

总之，钟娟老师作为一位年轻的老师，课堂确实略显紧张，但课堂的组织、选材角度的切入等，仍带给了同仁们很多启迪。这是节研讨课，内容应该有更好的处理办法，教学应该有更好的设计方案，老师们可以让思想飞一会儿，做出更好的。

2020年6月6日

实践操作型作业“历史小短文”讲评与反思

近年来，高考历史小短文在试题中频繁出现，初中历史教学与高考接轨，全国各地中考也陆续出现历史小短文试题。今年，“双减”政策出台，减轻历史作业任务是每个教师应该研究的问题，适当布置历史小短文、减少其他机械性的训练作业，既符合“双减”要求，又提升了作业效率。但此种作业对学生而言，题型新颖，难度较大。本文就历史小短文的题型特点、撰写的原则等进行探讨。

一、题型特点

（一）三个基本要素

一篇小短文要有论文的基本要素：①论题明确；②论据准确求真；③论证史论结合。

（二）结构性特征

一篇小短文就是一篇浓缩的完整的文章，具有文章的基本特征，不能像问题一样，一问一答。要做到：①观点开门见山；②论证层次清楚、史论结合；③结论呼应观点，简明扼要。

（三）历史学科特征

运用历史学科语言，做到论从史出、史论结合，言必有据，不谈空话，也不单纯地进行史实的罗列。

二、基本原则

观点明确，史论结合，论从史出，符合唯物史观。

三、撰写历史小短文的步骤

第一步，表明观点。

最好与标题一致，让人一目了然。

第二步，阐述理由。

可以多角度论述，可以边陈述史实，边论证观点，史实能印证观点，能得出论点，不要简单堆砌史实，而没有观点的提炼。

第三步，理论升华。

可以运用唯物史观等，进行理论升华，使结论更充实，更让人信服。

四、目前历史小短文普遍存在的问题

（1）观点不明确，不知所云何事。

（2）内容上泛泛而谈，缺乏史实支撑。

（3）史论结合不到位。

五、真题典例

（一）例题

材料：英国成为世界上最早由农业型人口结构转向城市型人口结构的国家。是什么引起英国经济地理面貌的变化？大工业将人口集中在大生产的企业形式下，把原来不起眼的小市镇，甚至荒凉的农村，变成了一个个烟囱耸立的工业中心城市。

——《世界通史教程——近代卷》

以“科学技术改变世界”为主题，写一篇历史小短文。要求：标题自拟，观点明确，史论结合，行文顺畅，200字左右。

（二）解题技巧

1. 确定论题

浏览材料和题干，找出材料和题干的主题或关键词，作为标题，确保标题和观点一致。切莫因为标题没有点明观点而失分。

材料和题干中的主题或关键词，往往就是明确的观点。一般来说，“关键词”反映了材料的主要意思和要旨。如本题中题干中的“科学技术改变世界”

就是观点非常明确的关键词。把“科学技术改变世界”带到材料中去阅读，发现“科学技术改变世界”正是这段材料的主旨。一般情况下，建议确定的论题一定要带动词，是完整的语句，如，……是（推动、促进）……，避讳用偏正关系的短语，避讳直接用名词，如本题的论题不是“科学技术”“改变世界”，而是“科学技术改变世界”。

2. 安排结构

一般来讲，历史小短文在结构上，以开门见山点明观点、论述和结论三部分组成。论述上要史论结合，这样符合唯物史观，也利于保证小短文的完整性。结论要照应观点。即历史小短文结构至少三部分，第一部分是观点，第二部分是论证，第三部分是总结，这样显得有层次。

3. 突出史实

忌口头语，忌内容空洞或单纯史实堆砌，应做到史实与观点结合，论从史出，史论结合。

六、演练作业

材料：西罗马帝国灭亡后，东罗马帝国皇帝查士丁尼急于实行“一个国家、一部法典和一个教会”，于是派所有法学家进行大规模、系统的法典编撰。之后，每一任罗马皇帝都十分看重依法治国，不断地刷新欧洲的法律文化观念，对欧洲及后世国家产生了不同程度的影响。法国、意大利等国家都模仿或照搬东罗马帝国相关法律，可见其影响深远。

总而言之，早在很多年前的东罗马帝国就知晓依法治国，并不断地传播弘扬法律观念，力图争取做到公平、公正。今天的我们更应该学习效仿的是罗马人的教育传播法律理念，使人人懂法，知法不犯法，只有这样才可降低犯罪率，构建和谐社会。

根据以上材料和探究，围绕“法制建设有利于和谐社会构建”的主题，写一篇历史小短文。要求：自拟标题，观点明确，史论结合，不照抄原文，200字左右。

七、反思感悟

教师在平时教学中应注意对学生历史学科核心素养的培养，真正做到以学生为主体，不是简单地教“教材”，给出僵硬的历史结论，而是要带着学生通过阅读历史材料，感受“论从史出，史由证来”的历史魅力，获得真知。在平时的教学工作中，教师应有意识地引导学生写小短文，从而达到历史教学的效果。历史小短文的撰写对学生而言，既需要一定的文案功底，也需要掌握较丰富的历史学科基础知识，还需要论从史出、史论结合的唯物史观，是一种较好的实操型的作业题型。

2021年4月15日

农村初中学校历史作业现状总结报告

——以邵阳县长阳铺镇初级中学为例

邵阳县长阳铺镇中学是一所农村乡镇初级中学，拥有学生1400余人，共28个班级，专职历史教师2人，兼职历史教师6人。学校历史作业现状总结报告如下。

一、值得肯定之处

学校历史教师通常发挥集体的力量和智慧，设计作业、布置作业、评价作业。做得较好之处有：

（一）尝试作业设计的移动性

2017年寒假，学校历史教师设计了各年级的电子寒假作业；2020年因新冠疫情停课期间，设计了“考考”App上的在线考试习题。通过电子作业，教师能快捷掌握学生的学习水平和学习效果，为教师督促学生下一步学习提供了准确数据。

（二）注意作业设计的实践性

近年来，学校历史教研组先后设计了历史漫画绘制作业、小组历史辩论赛作业、历史文物仿制作业、历史文物参观、历史事件访谈。学生完成作业的积极性很高，提交的作业得到了教师认真的点评，有效提升了学生学习历史兴趣。

（三）突出作业设计的灵活性

历史教师都注意作业的形式多样化。有“师问生答”的抽查形式，有“师问生写”的听写形式，有对历史事件或历史人物评价的撰写的书面形式，有课堂上谈历史事件或历史人物感受的形式等。作业设计灵活多样，有效检查了学生学习的情况。

二、存在的问题

但是，学校历史教师基本上个人不主动设计历史学科作业，也存在布置的作业单调枯燥、脱离实际、缺乏弹性等问题，这严重抑制了学生的学习兴趣，抑制了学生学习历史的能力和历史素养的提高，主要问题表现在：

（一）作业形式单一

基本上采用书面答题，题型仍是简单的填空题、单项选择题、材料题、判断题等，以应付考试为出发点，主要检查学生对知识的掌握和再现，很少关注学生的历史学科核心素养、情感态度等。

（二）作业提出的单向性

历史作业都是课本或教辅作业书提供的，且基本局限于教辅书《学法大视野》和市面上的历史试卷，很多作业陈旧老套，缺乏新意，在训练学生能力和学科素养上毫无作用。

（三）作业布置缺乏层次性

义务教育中每个班级学生的能力、水平差异很大，但教师布置作业时缺乏层次性，面对有差异的学生却布置相同的作业，忽视且也影响了学生的个性化差异。在一定程度上，挫伤了学生的学习积极性，扼杀了学生的创造力。

因此，花时间、精力去钻研历史作业设计，使有效教学与有效作业相得益彰，任重道远，值得所有初中历史教师重视。

2021年11月5日

观石齐学校易亚军老师的复习示范课有感

怎样复习？怎样高效完成中考迎考复习课？要从哪个角度落实复习？

这是冲刺复习阶段的九年级历史教师最需要思考的。邵阳县石齐学校的易亚军老师于2022年5月23日执教的中考复习专题课《两次世界大战及世界政治格局的演变——战争、合作铸格局》一课回答了这些问题。

历史复习课堂的第一层次目标，就是夯实历史认识，解决“历史是什么？”的问题。

我们在教学中，会发现学生对一些历史事实的具体人物、具体情节、阶段特征等的认知很模糊，很茫然，常常张冠李戴，对历史事实混淆不清，以致教师进入不了后阶段更高层次的教学。易亚军老师的课，在导入之后，立即告知学生复习目标，安排其自主学习，梳理巩固基础知识，交代学生更正错误，呈现的内容，包括主干知识，清清楚楚，进一步夯实了历史认知。

历史课堂的第二层次目标，就是能力提升，解决“为什么？”的问题，并最终落实到价值判断，解决“应该怎么办？”的问题。

这是当前教育部关于考试命题改革的方向，不死记硬背即要“解决问题”，涉及培养什么样的人的问题，这是历史教学的归宿和终极目标。易亚军老师从“合作探究”到“现实思考”，准确切入这一层次需要解决的能力问题，落实到“怎么办？”即能力与价值判断。

历史课堂的第三层次目标，就是落实“历史观”与“爱历史”的问题。

如果学生喜欢你的历史课，喜欢历史这门学科，那历史教学的所有问题就全部解决了。“吸引学生”“引领学生”，既要发挥老师的基本功、基本素养，也要把握学生的学情推进课堂教学，难度依据学生学习状况逐步推进。易亚军老师就是这样做的，对每一个教学环节的推进，都在师生互动、不断了解的情况下进行的，使课堂教学内容有条理，维持良好的课堂秩序，高效地完成了课堂复习的内容。

高效复习，一定要教学评一体化：老师的“教”（包括教的内容、教的方法），学生的“学”（包括学的内容、学的态度、学的方法），考试的“评价”（包括考什么、怎么考），三位一体化。每个老师的复习都要从这个角度切入。

易亚军老师的内容契合“俄乌战争”的时政热点、“大国关系与格局”长效专题，学生学的是课程标准内容下的专题知识和历史意识、历史素养，正好做到了教学评一体化。

易老师的复习课给我们提供了复习的思路。

2022年5月23日

师训：欲穷千里目，更上一层楼

剑走偏锋，收获多多

——记2018年国培文综A308项目培训有感

秋来夏去欠清凉，红楼香樟草犹绿。2018年8月18日至28日，我们57名来自全省各地州市的“项目县文综培训者”学员，满怀期望，齐聚湖南师大历文院，参加为期10天的文综A308项目深度研修培训。

在这里，从破冰之旅开始接受培训。霍修勇老师讲《习近平新时代中国特色社会主义思想》，通俗易懂；刘蓉芳老师讲《信息技术与研训融合的工具研发》，深入浅出；曾小玲老师讲《教师培训方式与策略》，严谨实用；邓水平老师讲《教师培训方法方式的创新与优化》，轻松简洁；李更生老师讲《教师到底喜欢什么样的校本研修》，洒脱率性；成丽老师讲《中学教师职业倦怠与职业定位》，春风化雨；陶妙如老师讲《送教下乡研课磨课的内容与工具》，形象生动；吴伦敦老师讲《如何备好一节优质培训课》，能量满满。

综观这些讲师的讲座，我看到的，都是在科研或培训领域，已经研有所获的专家、教授，不管他们身居何职，他们共同的特点就是知识渊博、业务精深，见解独到。专家的讲座意味深长，在每位学员心中都激起了波澜，我无不感到，培训师的成长之路离不开“三个要素”——追求、学习和反思，“三个关键”——积累、研究和写作，以及要发挥的“三个作用”——交流、引领和辐射。的确，人生的学习永远在路上！

当然，学习过程中给我们难忘的画面还有很多。师大刘纪高老师幕后服务，给全体学员带来了关怀与安心；朱舟老师的周到服务，为全体学员排解了困难与麻烦；尤其是班主任成丽老师始终坚守现场，给全体学员带来了温暖与感动。感谢你们的精心组织，让我们的研修扎扎实实，收获多多。

给我们留下深刻印象的还有湖南师大美丽的二里半校园。我们被这优美的环境和错落有致的建筑吸引。好学校是有故事的，湖南师大是国家“211工程”重点建设的大学、国家“双一流”建设高校、教育部普通高等学校本科教学工作水平评估优秀高校。名师是魅力四射的，湖南师大现有专任教师中，有中国科学院院士3人，中国工程院院士2人，国务院学科评议组成员4人，“长江学者奖励计划”人选8人。来到湖南师大，我们也沐浴了其“仁、爱、精、勤”的校训，唯有努力，方有未来。

我们教师平时陷于繁忙的教学事务，没有时间和精力静下心来思考。但经过这几天的头脑风暴，从每个教授的精彩讲座中不难发现，教师培训要出成效，不是一朝一夕的事，这些专家都是经过好几年，甚至十几年的不懈努力，才走出了成功之路，其间他们付出多少思考和煎熬，有多少领导的关心和指导，有多少资金保障和激励手段，有多少积累和奉献……

我是抱着打酱油的心态参加这次培训的，没承想通过培训，加深了我原有的认识，做什么事，要想成功，必须像这些教授一样要有明确的工作方向，要有清醒的工作头脑，要有开阔的工作视线，要有处事的工作能力，关键是要有奉献的工作精神，只有这样，才有资本、才有能量、才有机会将教师的培训工作做好。这或许也属于剑走偏锋。

2018年8月28日

我们诗意地走过

——参加浏阳市一中艺术学校交流培训工作有感

浏江江水色幽幽，两岸青山云木稠。浏阳初冬的惊艳，我们诗意地走过。2020年11月初，时值“2020年邵阳县骨干干部（教师）赴浏阳交流学习”培训的学员遴选，领导指名让我参加。我先是惊讶，然后是欣喜，最后是惶恐。惊讶的是领导居然这样器重我，欣喜的是我能得到这么好的学习机会，惶恐的是我若不能学有所成，便有负领导所托。本次学习为期一个月，我很庆幸得到了浏阳市委、市政府的大力支持，也得到了浏阳市教师发展中心和浏阳市一中艺术学校的精心组织和热情接待，更庆幸自己来到了浏阳市一中这样一所充满现代气息的名校，遇到了一位非常优秀且随和的影子教师——浏阳市历史名师袁祝香老师。一个月来，每天都有新收获，每天都在感知、感悟、感谢中度过。培训来得很及时，培训内容很深刻，影响深远。现就这次培训作如下总结。

一、专家讲座，理念更新

2020年11月9日至12日，我们聆听了数位教育大咖的讲座，他们为我们奉献了一场场视觉、听觉的精神大餐，包括浏阳市教师发展中心陈芳芳主任的《做阳光快乐的教师》、潘文校长的《基于校本研修模式的观课议课》、刘文章校长的《实现课堂有效，演绎课堂精彩》、黄程主任的《出彩PPT制作》、李龙章主任的《立德树人，让每个学生都闪光》，以及浏阳市委宣传部张之俭常务副部长的《却输浏水尚能西》、浏阳市田家炳实验学校屈加亮副校长的《学校可持续发展的思考与探索》、长沙师范学院刘小妮教授的《师者五德，传统文化与师德》。他们的讲座给我留下了深刻的印象。其中，潘文校长观课议课新理念让人耳目一新，少评课甚至不评课的观念虽与主流不切合，但多议课的主张正好切中了当下评课存在的问题。很欣赏李龙章主任用幽默风趣的语言对树德立人的解读，也佩服屈加亮副校长用绩效飞轮的机制促进学校教师在教育岗位上建功立业。听完专家妙语连珠的讲座，我体会到作为一名教师的职业幸福感，对教师这个职业有了进一步的理解与认识，受益匪浅。

二、名师引领，醍醐灌顶

我是一名历史教师，浏阳市一中艺术学校根据我的学科情况，派位给我的对接影子教师是袁祝香老师。袁老师是浏阳市“袁祝香初中历史工作室”负责人，有超强的课堂驾驭能力，娴熟的语言技巧，完美的亲和力，扎实高超的专业素养，让我深切地感受到浏阳市名师的风范。袁老师的课堂，目中有人（学生），手中有法，确立了学生的主体地位，尽量让每一个学生都参与到课堂教学中。她的课堂，精妙设计，创造亮点，每一个环节都凝聚了她的智慧和心血。她的课堂，互动频繁，知识生成性强，总能创造性地开展生生之间、师生之间的交流，体现出了我们教师的角色是导演、是学生自主学习的引路人。她的课堂，一环扣一环可以说衔接得非常自然，学生都能很好地理解和跟进，思维不会断点。这位很有经验很有想法的历史名师，使我开阔了眼界，深切地感受到了历史教法的魅力。我时时回想着袁老师的课堂风采。她那新颖的教学方法、大方得体的教态、对教材的透彻理解等许多方面都是我学习的榜样。更让我钦佩的是她超认真的工作态度，她总是不遗余力、不厌其烦地对我和浏阳市更多的青年教师进行指导，让我很受感动的同时，更感觉到一种久违的醍醐灌顶的畅快，鞭策着我不断努力向前。

三、切磋琢磨，砥砺求精

本次学习培训的一项重要方式是学员们分组进入影子学校学习。分配在浏阳市一中艺术学校的共有学员9人，其中第一批学员4人，第二批学员5人，既有行政跟岗影子学员，也有学科影子学员。切磋琢磨，砥砺求精，我们围绕每一天在一中艺术学校所学、所见、所感，开展我们一中艺术学校学习小组的深入的探讨和切磋，交流分享学习情况和心得，这是我们一中艺术学校学员组的规定项目。我们探讨切磋的方式很灵活，不拘泥时间和地点，互相讨论，互相请教。我们探讨切磋的内容较宽泛，有学科教学，有学校管理，有学习内容，有学习心得，等等。针对学员们提出的问题，我们都会联系邵阳的教育实际，旁征博引，进行深入地辩论，寻求最理想的答案。每一天的切磋琢磨互动，既是经验交流分享，也是思想碰撞激荡，我们真正做到了教学相长。我们对比浏阳的教育发展，思考了邵阳教育的实际，探讨出了许多发展邵阳教育的办法，真正将学习的成果内化于心，外化于行。

四、教学观摩，收获颇丰

11月26日，浏阳市教师发展中心携手浏阳市一中艺术学校为我们精心组织了袁祝香历史工作室的活动——何晓龙老师和潘金萍老师的历史公开课的听评课活动。何晓龙老师采用了传统讲授课型教授了“从九一八事变到西安事变”一课。何老师的课特别注重环节过渡的顺畅，承上启下，分析事件脉络，讲透时序性，较好地建构了学生的历史时空观。传统讲授课型是四平八稳的课，妥妥地传授了教学内容，完成了教学目标。潘金萍老师大胆采用情景剧作为导入手段，精心组织了“第一次世界大战”一课的教学，让我感受着新课程理念的和风，沐浴着新课程改革的阳光。在课堂上，潘老师运用了大量的鼓励性语言，适时地训练学生的课堂习惯，自如地掌握课堂环节，并结合时代实际，与生活对接，体现了时代性与历史性的统一。在课堂上，潘老师克服腿脚摔伤的疼痛坐着轮椅与学生互动，随着学生的激动而激动，随着学生的兴奋而兴奋。于是我静坐细思，终于发现，那全都源自她的用心投入，对教学的投入，对学生的投入，更是对教育事业的投入。潘老师不是把自己当作高高在上的引导者，指挥学生进行课上的学习；也不是把自己放在旁观者的位置上，在课堂上冷眼观察学生的表演。而是积极地参与到学习中去，在主动参与学习过程中，与学生一起在课堂中生成知识，与学生进行情感的交流，使学生受到情感的熏陶，引发了学生思维和情感的“碰撞点”，让我感受到了她历史课堂教学的高效性。我们一中艺术学校的学员们都表示，不虚此行，收获颇丰。

时间飞逝，培训短暂，但收获是充实的。特别感谢浏阳市教师发展中心和浏阳市一中艺术学校的专家和领导，为我提供了弥足珍贵的学习机会，让我站在了一个崭新的平台上审视了我的教育教学工作，使我对今后的工作有了更明确的方向。我将把在浏阳的所见、所学、所悟，内化于心，外化于行，扎实落实到我的教育教学工作中去，使自己的教育教学工作能有新的提升，努力为家乡的教育事业增添光彩。

2020年12月3日

误打误撞的学习之旅

我参加2021年“全国中小学班主任网络示范班”的学习纯属偶然。学校年轻的政教主任接到培训通知时，错误地将“全国中小学班主任网络示范班”培训理解为“全国中小学骨干班主任”的评比活动，一番折腾下来，作为副校长兼班主任的我，被隆重推荐参评。其结果是我参加了这场名衔冠了“全国”的网络培训。我是有班主任工作经验的，面对问题学生的处理不再惊慌和失措了，但通过本次学习，仍有不得不说的收获。

一、学生发展指导与个别教育

蔡素文老师的《小学生的心理发展特点与需求》和曹凤莲老师的《中学生心理发展特点和需求》，让我更加坚定了一个观点，那就是教育学生必须符合学生的心理发展的特点和需求，让我更加关注学生的心理发展。听了王晓春老师的讲座《面对“问题学生”怎么办》后，我对问题学生的教育更充满信心。听了李昌林、陶勑恒、钟志农、朱军、付丽旻等老师的关于学生发展的讲座，我明白了做好班主任，一定要引导孩子构建积极正向的自我概念，明白了在后进生的培养上不让一个孩子掉队、运用“聚焦改变”技术管理好班级、网瘾问题行为分析与处理、青春期教育等。

二、家校资源整合与协同共育

学习了《家校资源整合与协同共育》的所有课程，作为班主任，我对其理念高度认同。相对城区，农村孩子家长对孩子的教育和管理总体处于一个较低水平。如何培育家长，提升家长管理能力十分重要。

特别认同内蒙古自治区包头市第四中学张洪涛老师的《班主任开展家庭教育

的智慧和策略》，也在河北省沧州市青县第二实验小学刘芳老师的《如何引领家长形成科学的家教观念》的讲座中找到了培育家长的方法和技艺。

在学习中，我有如下感叹：班主任的幸福感来自工作的成就感，来自教育影响的长远性和意义的深远性。家庭教育真的很重要。班主任工作需要学校、社会、家庭的支持，尤其离不开家庭的支持。有合格的家长，才有优质的教育。我不一定能改变家长，但可以影响他们，受益的是孩子和整个家庭，乃至社会。家长是孩子的第一任老师，家庭是孩子的第一个“学校”，潜移默化的家庭教育及影响，将会直接关系到子女的道德品质、人生观、世界观的形成。班主任就是家校的纽带。只有更好地融合学校和家庭的力量，才能为孩子提供更好的培育。

这些新的理念和教育观，将引导我积极开展家长培育之路，以促进家校共育新局面。

三、带班育人方略

卜玉华老师的《班级工作的实践与管理智慧》、张胜利老师的《新时代班级管理智慧》和李梦莉老师的《做新时代的班主任》，让我认识到师生的适度距离是非常有必要的，给孩子适度的自主空间，让孩子们感受到老师对他们的信任。对于班级管理，老师要发挥学生的特长和优势，也就是发现学生的优点，并让他们发挥优点管理班级。班级活动可围绕日常生活的节点性事件开展。班会是具体问题的解决会。发挥学生班级管理主动性，充分发挥班干部作用至关重要。合理的班委设置，能充分调动每一位学生的积极性！让每位学生都有参与感、归属感！专家们一一解读寻找带班育人方略，切实专业有效为班主任解决工作难题，让班主任幸福起来。

感谢培训班级老师们利用微信群对本次培训有效实用的方法指导，感谢县教育局陈良虎主任的引领，感谢十一中刘珊老师的服务，感谢市教育局刘凌宇老师的组织，让我们顺利完成了本次研修。我将秉承“学以致用”的精神，在共获共成长的氛围中，将自己的班主任工作做细做好，最大可能地充实自己的班主任生涯。

2021年7月28日

累且充实着，忙且快乐着！

——初中历史省级骨干教师工作坊A3052第一次线下集中研修心得

一、团队厉害——高端的标签让我敬佩

研修的幸福来自专家团队的了解。这里有湖南师大的高材生、岳麓区历史教研员、享誉三湘大地的历史学科专家代洁老师；这里有长沙市卓越教师优秀骨干教师、长沙市优秀教研组长、长沙市优秀教研工作者、长沙市红十字先进工作者、岳麓区“四有”好老师金贻富主任；这里有北京师范大学高才生、湖南师大附中高新实验中学历史教师、校团委书记、长沙市优秀教研组长张波男老师；这里有全国继教网的精英。代洁老师的博学，金贻富老师的睿智，张波男老师的气场，继教网的王璎涵、刘安娜老师周到的服务，给我留下了深刻的印象。

工作坊的成员来自三湘四水，团建活动使我们认识了彼此，既有学识渊博的高师，又有经验丰富的名师，更有富有朝气的后起之秀。

一个星期的集中学习，使我有幸结识了这些优秀的老师，学习了他们先进的教学理念，感受了他们热情的服务，这真是一场幸福之旅，一场收获之行。我将努力研修，探究初中历史有效教学与有效作业相得益彰的途径，实现教学教研能力和培训能力双提升。

二、三组威武——集体的力量让我惊叹

三组威武。三组团建无处不在、无处不有。

设计logo环节，我们思维与智慧互相碰撞。一边是组长陈爱玲老师带领大家做文案，一边是杨晓老师带领我们做logo，分工明确，互相探讨，形成了“三生万物，三组威武”的口号、“super three”（超级三）的组名、展翅飞翔勇夺皇冠的组徽。

博才学校研学结束时，结合logo的造型，三组组照造型既有展翅飞翔，又有举手胜利。第四天的研修计划的撰写、研修调查的设计上，三组下足了功夫。坊主代洁老师布置后，在组长陈爱玲老师精心组织下，我们分工负责，通力合作，密切配合。调查问卷组、研修计划组、美篇宣传组、汇报整理组分头行动，在欢声笑语中完美完成研修美篇、调查问卷、访谈提纲、小组研修计划，以及汇报模板等各项任务。最后一天的汇报会上，伟龙的幽默登场与侃侃而谈、康眷的素雅表情与淡定介绍，组长的真情流露与煽情音乐，让三组大放了光彩。

感谢三组，感谢组长爱玲老师，让我们紧张学习之余，有三组女同胞展示灿烂如花的时刻，有三组男同胞出场魅力四射的瞬间，我们能夜游圭塘河公园，能去友阿商场“买买买”，能就餐举杯高呼“三生万物、三组威武”……

三、聆听教诲——专家的讲座让我受益

崔应忠老师的《作业设计与实施案例》讲座从“什么是作业？作业有什么功能？你的作业有效吗？”开始。崔老师的讲座生动有趣、深入浅出。既有高深的理论，又有接地气的案例；既有仙气，又有地气。坊主代洁老师说，崔老师是最会信息技术的历史老师，但我今天又发现崔老师是最会设计历史作业的历史老师，他让我们全面系统地认识了作业的内涵、功能、现状和解决作业困境的方法。我想，如果我是学生会很喜欢他的历史作业。这是我今后追求的目标。

湖南师大博才实验学校的王顺老师素质好、水平高，课件制作精美，对教材的提炼升华能力超强，特别注重对学生史料分析能力的培养，上课滔滔不绝，侃侃而谈，令人拍案叫绝。卢旭组长主讲的关于作业设计方面的思考和做法，如注重学生拓展型作业，如“国家宝藏”历史小短文、思维导图、文物仿制、参观革命圣地（博物馆）、图说历史等，都值得我们学习和借鉴，对学生自学能力的提高确实有着很好的促进作用。可惜来去匆匆，没来得及细品博才

的内涵。

听了南雅中学田品老师的讲座《“双减”政策下的高质量作业的设计策略》，更清楚地认识了“双减”政策的出台对作业高质量的要求，更明白落实高质量作业的具体实施办法。印象最深的是田老师就“不喜欢动笔写作业”“对学科毫无兴趣”“学生没有时间完成作业”“开展实践作业”“实践作业的反馈”等方面列举了大量可以借鉴的案例，开阔了我们的眼界，打开了我们设计特色历史作业的思维。我们受益匪浅，收获满满。

四、汇报展示——各组的精彩让我感动

第一次集中研修的最后一天，我们迎来了工作坊第一次线下小组研修成果展示活动，让我十分感动，收获颇丰。

感动于工作坊初中历史教学界精英荟萃，几天的研修就有这样突出的成果；感动于工作坊坊主团队的精心组织和英明引领，几天的研修在科学的道路上有了深入的主题探究。

第一、二组切合“双减”实施的作业设计现状的学生问卷和小组研修计划，目标明确，有的放矢，可操作性强。汇报的老师语言流畅有自信，赏心悦目，效果杠杠的。第三、四组设计的针对教师的作业设计、布置、批改、统计、讲评的问卷，环环相扣，科学合理。汇报的老师娓娓道来，阳光大气，所做所说，点点滴滴，每一样都给我们留下了深刻的印象。第五组的汇报很给力，昨晚没少加班，不然不可能给我们呈现这么好这么扎实的汇报内容。

为期一周的研修结束了，从初来乍到的陌生，到彼此熟悉的交流、讨论、协作，我们收获的不仅有前沿的理念、科学的理论、优质的成果，更有情谊、快乐、团结。

2021年9月23日

观《有效教学理论——课堂教学创新（初中历史）》的系列讲座有感

最近，我在湖南省中小学教师发展网上学习了华南师范大学教授、博士生导师余文森、吴海燕等教授的《有效教学理论——课堂教学创新（初中历史）》的系列讲座。专家们通过“从教学原点解读有效教学和教学深化改革”“有效教学的三条铁律”“教师如何经营高效课堂”“重学理念下的高效课堂实施策略”“初中历史探究学习的有效实施”“课堂因差异而展示精彩，学生因人性而发展未来”等课程，详细介绍了“教学”“教学论”“课程”“课程论”“有效教学”“有效教师”“教学策略”“教学组织”“课程资源”“反思教学”等等。这些对我们一线历史教师的教学实践活动具有十分重要的指导意义，收获颇多，感触颇多。

第一，我们都在追求教学的有效性，但是当我们在热火朝天探讨教学有效、无效、高效问题的时候，更应该“追本溯源”，理清楚到底什么是“教学”，教学的本质是什么呢？专家们通过四个问题结合案例的阐释，向我们从教学的形式、实质及其内涵和外延多个层面帮助教师认识教学的本质，因为认清楚教学的本质是追求教学有效的一个前提。

第二，由于各种原因，课堂教学改革也出现了形式化、低效化的现象。可以说，当前课程改革在课堂教学方面所遭遇到的最大的挑战和所受到的最强烈的批评就是无效和低效问题。专家用“先学后教——以学定教”“先教后学——以教导学”“温故知新——学会了才有兴趣”三条铁律，给我们讲解了有效教学的底线和原则。我认为，三条铁律是有内在联系的，对各条规律内涵的理解也不能简单化、绝对化。只有深刻全面地理解各条规律的内涵及其相互的关系，并创造性地在实践中加以落实，才能真正实现有效教学。

第三，“经营高效课堂如何理解？”“教师为何要经营高效课堂？”“教师如何经营高效课堂？”河北省廊坊市四中的副校长王福强老师认为，我们应该理解经营高效课堂的含义，要掌握在教学中经营高效课堂的方法。

第四，围绕初中历史探究学习的有效实施进行探讨，首都师范大学历史系历史教育硕士生导师、北京教科院基础教研中心历史教研员、中学高级教师张静老师，北京市第八中学历史教师王艳香老师，结合案例，对历史探究的教学设计及其实施、探究学习技能与方法的掌握进行了阐释和说明，让我们了解了探究学习的教学设计、主要技能与方法等。

第五，好的策略与方法是促进学生深入理解初中历史教学内容的关键。一节是四川成都叶德元老师的“开放的中国走向世界”，另一节是北京王敏老师的“璀璨的文学艺术”一课给了我们示范，两位老师对自己的课进行解密，让我们明白了他们成功之处在哪儿，自己的困惑在哪儿。北京市特级教师李晓风和北京市历史教研员郭井生老师对两位老师的课点评围绕特定的学习内容有哪些？教师采取了哪些策略和方法来促进学生深入理解这些内容？两位教师个性非常不一样，一个激情飞扬，一个平静细腻，但设计的课都非常精彩，一个整堂课欢声笑语，一个令人回味悠长。一个是一般课的设计策略，一个是文学艺术、科学技术类课程的设计策略，很有借鉴意义！

这么好的课程，受益良多，终生难忘！

2021年10月22日

读《化经验为课程——教师培训课程设计50讲》有感

教育实践是一项具有高度、丰富性、复杂性、情境性的交互活动，仅有理论是远远不够的。上海市师资培训中心“教育经验萃取与课程化再造”研究实践团队，在广泛实践应用与听取反馈的基础上，针对广大教师在教师培训课程设计五个主要环节中最迫切需要、最实用、最容易上手的50个知识技能点，汇编了《化经验为课程——教师培训课程设计50讲》一书。读后发现，这50讲的课程在方式方法上，深入浅出，生动有趣，每讲都短小精悍，即学即用即互动。

总的来说，读完该书，我有以下认识。

一、短而精

本书每讲只针对一个知识点，内容容量很小；每讲坚持采用聚焦问题、示证新知、内化转化三段式结构，把问题还原到具体情境内，为学员提供清晰可借鉴的实操路径。比如“如何给课程起一个响亮的名称”这一讲，三句话讲清“适用对象及情境”。两个问题加一张“推荐课程”交代了要解决的内容，称为“开门见山，聚焦问题”。用“从上面的课题名称中挑选几个和大家谈谈我们的看法”引出“释疑解惑，示证新知”环节，范例和技巧简介都易操作。最后引导教师“学思用结合，内化转化”，用学习感悟的方式结束课程。

二、实而活

本书每讲的内容选择上，都针对理论水平高、缺乏经验的实际，设计了50

讲内容，包括导论、确立课程主题、设立课程目标、选择与组织课程内容、设计教学活动、设计评价任务和结论等，针对性、实用性、完整性等实实在在，课程十分接地气，保证了学习、思考、运用的联动联通。

三、新而准

教师面对变化了的教学方式，往往一脸迷茫和不知所措，“培训课程主题从哪儿来？”“发现教师真需求有效工具有哪些？”“实用的工作坊设计流程是怎样的？”“怎样的引入活动能牢牢抓住学习者？”“如何把课题研究转化为研修课程？”……这些教师在培训工作实践中遇到的急需解决的新问题，该书提供了很好的解决案例，有的放矢，做到了“新”和“准”。如该书作者在《后记》所述，他们“越来越多地听到教师内心深处的一些声音，越来越多地诊断到教师在实际课程开发中暴露出的一些具体而关键的问题……把最新的认识与实践应用成果融合进去”。

全书50讲，就是50个师训案例，解决了50个师训问题，提供了50个师训技巧。对于我们基层培训教师而言，开阔了眼界，提供了思路，转变了观念。通过对该书的阅读，我的教师培训理念得到了更新，对教师培训的认识与实践有了一个质的飞跃，对自身的素质也有很大的提高。现在，我对教师培训工作更有信心了。

2021年11月21日

课程开发“迷茫—释疑—实操”三部曲

有幸参加了由湖南省中小学教师发展中心举办的“湖南省中学历史卓越教师工作坊”培训。通过学习，我开阔了眼界，获得了新的教师培训理念，增长了培训教师的动力，感触良多。

一、迷茫：初次接受课程开发

湖南省中小学教师发展中心早在2021年8月就给我们每个学员邮寄了《化经验为课程——教师培训课程设计50讲》《追求理解的教学设计》，组织我们开展线上异步和同步学习。在书本的理论学习和坊主团队的指引下，安排了书籍学习、每天学员的学习反馈、每周小组的学习心得分享等。这给了我全新的、前所未有的、和以往的任何培训截然不同的感受。作为一线历史教师，我学习这些培训理论知识，颇感枯燥乏味。尤其是坊主要求的课程开发，我从来没有接触过，所有的知识和理念，在相当长的时间里，是云里来雾里去，深感课程开发的迷茫。

二、释疑：集中培训明确了培训目标

一个月的线上异步和同步学习，每天感受学员的学习分享，受训的目标逐渐明朗。10月集中培训，学员们每天将培训心得、培训的课件发在微信群里，通过学习，我深感要实现教学能力和培训能力的双提升，培训课程开发十分重要。于是，我开始思考自己的培训课程开发。

三、实操：为培训开发课程

第一次集中培训结束后，我有点冲动地、迫不及待地想为自己担纲坊主的县级历史工作坊开发一节培训课程。我的这个工作坊主题定位为“初中历史教学中培养‘时空观念’的设计与实践”，结合这个主题和培训课程开发的理论学习，我思考之后，决定开发一节关于时空观念的培训课程。

于是，三天时间，我查阅资料，整理材料，理清思路，《核心素养之“时空观念”的养成》的培训课程出炉了。在自己的工作坊开展了具体的培训，但我发现，这个课程没有具体课例，老师理解难度大，特别是农村教师，历史专业素养不高，参与度也不高。我把培训问题提交给卓越坊第三组同行们，组员们为我出谋划策，他们提出的修改意见，使我茅塞顿开。我按照这些意见，重新整理课程。

通过努力，《基于时空观念培养的初中历史有效教学设计——以七年级下册〈第五课安史之乱和唐朝衰亡〉为例》的培训课程终于完稿。这个课程开发前景分析透彻，开发依据实在，课程目标明确。它通过新旧历史教材的内容变化和史学研究的案例，吸引了教师，能提升教师培训的兴趣。它结合了七年级下册第5课“安史之乱和唐朝衰亡”的教学实际案例，开阔了受训教师的视野，更新了教师对时空观念核心素养培养的理念，提升了教师落实时空观念核心素养的施教驱动力。

2021年11月25日

教育：随风潜入夜，润物细无声

巧对尴尬事

这学期初，学校安排我担任初三（136）班的班主任。136班是学校有名的“双差”班，不仅学习成绩差，组织纪律也很差。对此，学校的领导脑筋痛，任课的老师直摇头。走马上任后，为扭转班风，我立马颁布“三项纪律”“八大注意”，实行强制性的高压政策，整天板着脸进教室，不露出半点笑面，对违反纪律的学生，都是连珠炮式的训话。几天下来，学生一个个如临大敌，见了我犹如老鼠见了猫，不敢在老师眼皮底下胆大妄为。纪律转好了，上进的学生喜上眉梢，科任老师大声叫好，我也深感欣慰。

没想到，太平的日子并没有几天，我的高压政策引起学生的反抗。这天，素不安分的海涛同学趁我转身板书之际，用镜子把阳光反射在我的背上，引起全班同学哄堂大笑。为挽回尊严，我一气之下让海涛站在讲台前面来。海涛当即表示不服，可他看我不会改变初衷，便采取了鱼死网破的举措，气愤地说：“你这人！没见过你这么没人情味的老师。我不读书了，你奈何不了我吧。”说着就要往教室外面冲。我一看形势不对急忙一把拉住海涛。慌乱之中不知该怎么办，场面一时十分尴尬。

全班60多双眼睛直盯着我，我清楚如果我蛮横到底会无法下台，将更难在全班树立起班主任的威信。但如果就此算了，宣布的班规班纪就会因此而无约束力，真是左右为难。僵持了一会儿，海涛对我仍横眉冷对，一副死猪不怕开水烫的架势。我知道再不找台阶下的话，自己将会进退两难，短暂的思考之后，我便大声问：

“你真不读书了？”

我的话刚落音，海涛就回：“就不读了。”

“那你的意思是再也不听老师话了？”我跟着问。

“就不听！”

“真不听老师话了？”我很认真地再问。

生气中的海涛确认说：“哼，我不会听你的话。”

我装着无可奈何的样子说：“既然不听老师的话，那你下去到座位上坐吧。”

海涛一听，以胜利者的姿态坐到座位上去了。这时我慢慢地说：“同学们，你们看，海涛同学还是听老师的话的。”回过神来的同学马上意识到海涛听了老师的话坐座位上去了，而海涛也难以相信这场风波就这样过去了，竟羞愧地低下了头，全班同学报以热烈的掌声。

一场尴尬终于过去了，这一片段巧妙地使我赢得了全班同学的信任，但也教育了我，对待顽固型的学生光有严格的要求不行，需要及时抓住教育的切入点，于细微处巧妙地化解学生对自己的误会，树立班主任在学生心目中的威信。

2004年10月25日

校园礼仪系列故事

故事一：

学校处于偏僻山村，大多数孩子属于留守生，缺失家庭教育，从小腼腆、矜持，不懂事。我一直在寻求机会，希望能让孩子们学习一些文明礼仪知识。

一次中休，三五成群的学生在教室的走廊上熙熙攘攘，嬉戏打闹。因为常规巡查职责的要求，我陪校长来到了153班的教室前。只见走廊上的学生迅速靠墙站立，低头、鞠躬，接着齐声高呼："老师好！"这是我们久违了的场面，他们的言行举止，令我们惊诧！校长意识到这是校园文明礼仪教育的闪光点，应该把它树立为典型，进而感染全体学生。于是，他写了一封表扬信张贴在学校公布栏里。

表 扬

153班全体学生注重文明礼仪修养，遇见老师，举止谦逊，主动向老师问好，现授予153班"文明礼仪亮点班级"称号，特此表扬。希望全体同学向153班学习，能够成为素质高、修养好的文明学生。

长阳铺镇中学
××年××月××日

接着，校长郑重其事地把"文明礼仪亮点班级"的奖状颁发给了身为班主任的我，称赞我治班有方，把娃儿们教育得这样有礼貌，很了不起。

表扬一事顿时轰动了整个校园，全校师生备受启发。此后，学生主动向老师问好的现象多了起来。

故事二：

晚熄灯前，我按例查访学生寝室，最先走进一间男生寝室。“老——师——好！”看见我，同学们马上起身向我敬礼，异口同声地向我问好。我微微点头，查看了一下寝室的内务，准备离开。

“老师不理我们。”一个胆大的学生嘀咕起来。

“老师，请说声‘同学们好’嘛。”另一学生轻声说。但我装着没听见，走出了寝室。

“没劲，我们问‘老师好’，老师就不能够回声‘同学们好’吗？”寝室里面的声音很大。我心里咯噔了一下，记得小时候遇到老师时，我也是毕恭毕敬地向老师敬礼，并大声说：“老师好！”老师总会走上来，摸摸我的头，说声“真乖”，这令我舒服、满足，能感觉到老师的疼爱与关心，更期望着再次问老师好，而现在我面对学生的问好却……

走进第二间寝室，我主动打起招呼来：“同学们好！”忙碌着的学生们齐刷刷地站立起来，你瞪着我，我瞧着你，个个面带惊色。一个机灵的学生反应过来，带头说了一句“老师好！”大家才欢呼雀跃起来。“谢谢老师！”“老师真好，老师向我们问好了。”看到同学们的高兴样，我的心里别有一番滋味。

一直以来，在学生的文明礼仪教育上，学校费了很大精力，努力培养学生的礼仪素养，但很多老师和我一样，忽视了躬先表率，造成了学生乞求老师说“同学们好”的尴尬。

故事三：

随着学校文明礼仪养成教育的深入开展，恭谦礼让的风尚在学校逐渐形成。这一切，我深感欣慰。

一日，老师们聚在一起，谈起师生见面打招呼的事儿。有的说：“学生都这么客气，见面就向我们问候，我们不习惯啊。”有的说：“有时，很多学生都恭敬地向我问好，我一一回应。真麻烦啊！”更有几个老师提议：“在校外，学生遇见老师，可以问好；在校内，学生遇见老师，最好不要问好了，因为老师难回礼啊。”

一些老师问我的意见。我笑答曰：“师生问好，乐此不疲。师生日常生活中的言行举止时时刻刻影响着学生，这种影响是春风化雨、润物无声的。学生向老师问好，体现谦逊恭敬、尊敬师长、尊重知识，应该提倡；老师向学生问好，体现师生平等、言传身教、平易近人，值得提倡。”一席话后，几位老师默然，似有所悟。

此后，校园里师生互相问好的场面依旧。

2007年11月20日

校刊《杨柳风》序言两则

一、一路驰骋一路歌

非典、禽流感、印尼海啸、汶川地震、H1N1甲流的阴影已笼罩了全人类，在这多事之秋，我们迎来了第十四期《杨柳风》。希望它能像久旱的甘霖滋润人们干涸的心灵。这是“杨柳风文学社”成为“湖南省校园文艺联合会会员单位”的第一期刊物，也是一个新的起点，预示着《杨柳风》将达到一个新的高度。

《杨柳风》创刊已逾8年。当我们停下脚步，回首过去，才发现，昔日的星星之火，已成燎原之势，这让我们惊讶不已。早期的油印本子已难寻踪迹，取而代之的是现在的52页胶印杂志；当初每期一两百册的勉强发行或许还留在我们的记忆深处，但今时不同往日，发行量已达数千册。

《杨柳风》最初创办人只有唐伯龙、胡国雄等几个同志，而后，长阳铺镇中学全体老师也加入其创办队伍，现在，全镇一大群社员和爱好者又投身其中。他们在业余时间里自主完成创作、编辑、发行，完全能与一个专业团队相媲美。一路走来，一路驰骋，一路放歌，他们体现创造并依靠的一种精神，就是对《杨柳风》的热情和执着，以及因《杨柳风》而赋予的责任和使命。

《杨柳风》是大家的朋友。在这里，它让青少年朋友感受到自己青春年少的魅力，让年长的朋友焕发年轻的激情，让所有人感觉到生活的美好。我们希望同学们喜欢它，从这里汲取阳光、水分、营养以茁壮成长。我们希望老师们喜欢它，从这里感受到学生的创作热情和欲望，真真切切地爱护、培养、浇灌祖国的花朵。我更希望家长和社会喜欢它，和《杨柳风》一起，关注、呵护、激励孩子们，营造这个展示孩子们个性、能力的大平台。

我们正处在这样一个时代：富强、繁荣、文明日臻兴盛，焦虑、灾难、野蛮却仍有发生。《杨柳风》希望和同学们一起走下去，一路驰骋一路歌，走向睿智、理性、成熟……《杨柳风》始终与你们同在！

2009年9月

二、意犹未尽

网络、微信……彻底改变了生活方式，这个世界已经呈现得越发多元化，纷繁复杂。我们很难寻得一片净土，或树荫下乘凉百般休闲，或月夜里聊天万般惬意，如此，越发感觉文明难以为继。而一些特例，我们便叫它们艺术，还有文学。

文学的名头太过高大上，落到作文习作上也许更接地气。姑且，我将长中这片香樟白楼的空隙，称为阳园。在阳园这片乐土上，《杨柳风》生根发芽开花结果20余载，试问有多少人知道它想要什么？它的脉络，它的呼吸，它的生命，竟让莘莘学子魂牵梦绕。不知道挑灯夜战的那一支支笔，为什么痴迷起舞；不知道那一页页稿纸上的黑色标记，是怎样传出优雅的沙沙乐音；不知道一个趴手机、迷电游的年代，是什么在吸引着一代代懵懂年少，用青春来浇灌，用生命来追求。

我想，《杨柳风》的目的已经达到。所以，我乐意担任编辑的工作，带着快乐、豁达和很深的静，欣赏“校友送墨”“青春牧歌”，倾听“杨柳风铃”“书海沉吟”，感受“世态警语”“央视开课”，赞叹“汉字情缘”“阳园先声”。

也许，我们的灵魂瘦骨嶙峋、削弱不堪，需要抚慰、温暖和感动，需要有一抹阳光，穿过一扇小窗泻下窗棂。庆幸《杨柳风》就属于一扇小窗，而那抹阳光，来自这阳园的师生。

但愿这期《杨柳风》，能在偶然间让你想起，一个霜冻的深冬清晨，一个绯红的深秋傍晚，一个懒散的夏日午后。其实，这便是它生存的意义。

意犹未尽，这是我无比的荣幸！

2017年5月

半生归来，仍是少年

——寄语2017届免费师范考生

紫薇花开，蝉鸣仲夏。我们迎来了群里两天红包暴雨的兴奋，热闹喜庆间，满满的都是对落地签约免费师范的12位孩子的祝贺、祝福。

报考免费师范，已经成为你们人生中一段特殊的经历。这一路走来，你们见识了竞争的激烈，经历了社会的考验，突然间告别天真走向沉稳，脱去稚气收获自信，放下依赖认识自立，并将“阳光”“担当”“自信”的标签深深嵌在了自己骨子里。我和老师们都为你们感到骄傲！希望你们将这种长中学子的精神特质不断发扬光大，努力涵养品性修养，增长学识才干，丰盈精神生命。

人生的花季各有不同。没有签约的不要气馁，已经签约的少些嬉戏，人生需要在曲折中开拓更广阔的道路。你们正要奔赴自己壮丽的青春战场，希望你们心怀梦想，不负前程，昂扬地向上成长，持续地积蓄能量，绽放出更灿烂的精彩。

希望你们带着长中养成的阳光、担当与自信走向四面八方，无论走多久，走多远，都要以奋发的姿态行走于民族复兴之路，以无限的深情、卓越的功勋贡献于国家和社会，这是母校给予你们的寄托，也是时代赋予你们的责任。

同学们，抱着零食、趴着玩手机已经成为当下社会的诟病。现实生活多姿多彩，脱离对手机的依赖，你的生活会更精彩。2015年最具情怀的一封辞职信莫过这句“世界那么大，我想去看看”。古人云“读万卷书，不如行万里路”。当你走出家门，离开熟悉的环境，去到不同的地域，看到不同的风景，感受不同的风土人情时，你们的眼界也随之获得增长，胸怀也更加宽广，性格也会更加地宽容与洒脱。所以，我想对你们说：“快扔下手机，去看看这花花世界。”

同学们，你们的年龄上刻着两个不能抹去的字：奋斗。高中的生活紧张而忙碌，大学的生活轻松而美好。不管你去到哪里，请不要忘记，不要在最应该奋斗的年纪选择安逸，也不要在最适合接受挑战的阶段选择逃避，汗水往往比泪水更有价值，站着永远比坐着更加有力。如果时光捉襟见肘，你务必钝学累功砥砺前行；如果精力富足宽裕，你可以选择博览群书，或挑学一项乐器，修炼自己的内涵，提升自己的素养。

现在，师范考试已成过往。感谢全体家长对长中的信任、认可和支持！感谢发红包的美爸美妈们，让我们在揪心的等待之余着实高兴了一把！感谢全体班主任的教诲和引领，感谢胡国雄校长、陈诗光主任的辛勤工作和热心服务！

同学们，祝你们前程广阔，人生灿烂！我与母校，愿你们半生归来，仍是少年！

2017年7月23日上午

抱着梦想，取暖

抑制不住雪后初晴的喜悦，我飞快地跑出房间，站在草坪上，灿烂的阳光把身体晒得暖暖的，让人惬意！冬日里的阳光，难得。就在前几天，雪花弥漫在天空中，散落在头发上、脸上、脖子里，冷极了。我把自己当作一只冬眠的动物，裹着厚厚的棉衣，抵御暴雪寒风的侵袭，身体臃肿了，思想麻木了。

怀有梦想。这在冬天，很重要，就像怀抱一缕阳光，给你温暖。就算冬眠，也不能让灵魂僵硬，抱着梦想，宁静安详，待春暖花开。一段文字萦绕在脑间：

我，坐在斜阳浅照的石阶上，

望着这个眼睛清亮的小孩专心地做一件事；

是的，我愿意等上一辈子的时间，

让她从从容容地把这个蝴蝶结扎好。

孩子，你慢慢来，慢慢来。

这是最美丽的教育场景，犹如大自然等待冬眠的北极熊清醒，从冬天等待到春天。我喜欢这种等待，不仅等待学生收获知识，而且等待学生收获成长。就像普洱茶，它得益于时光的流逝，受惠于岁月的洗礼。

梦想的实现不是一蹴而就的，需要在成长的过程中不断努力。其中的困难和挫折、坎坷和曲折，都是成长的痕迹，会让我们的孩子们变得更加坚强，更有信心。怀揣着梦想，才能在人生的道路上，不畏艰难，不畏困苦，不迷失方向，不停止前进。

此时，我不为孩子们的成绩退步而担忧，不为孩子们的书籍被偷而着急，不为孩子们的吵闹而烦恼，不担心课堂纪律乱糟糟，也不再督促学生写作业、背课文……孩子，你慢慢来。

此时，我不为孩子们的嬉戏而无奈，不为孩子们的早恋而焦虑，不为孩子们的网瘾而愤怒，也不再担心孩子们捣蛋恶作剧，不再鲁莽处理学生青春期的叛逆……孩子，你慢慢来。

每个孩子都犹如一颗正在成长的幼苗，都会有属于他们自己的花期，都会绽放出独属他自己的最绚丽、最耀眼的光彩。我们要做的就是用心呵护，给足关爱和陪伴，观看他含苞欲放的样子，欣赏他盛开的芬芳。我们也可以帮助每一个孩子去找寻他需要的光和水，为他们描绘花儿盛开的样子，鼓励他们为之努力奋斗；然后，静等花开。

这个冬季，不冷！

操场上，多了孩子们的身影，有了孩子们的笑声，他们挥洒着飞扬的青春。我不禁羡慕，贪婪地享受着阳光。这个冬天，不冷！

2017年12月11日

这样子的孩子还有救吗?

“这样子的孩子还有救吗？”

新冠疫情封控第40天的那个早晨，一位爸爸在家校联系群里发来了女儿坐在书桌前发呆的照片，随后附上了这句带有怨气的话。

受疫情影响，这段时间开展了线上学习模式。打开班级群的画风都是这样的：

今日学习清单：

语文：写一篇作文，主题：我家的抗疫故事。题目自拟，字数600左右。

数学：观看精品课“三角形的相似”，完成学法相关作业。

英语：晨读30分钟，观看精品课，自学第7单元B部分内容，记第54页单词。

体育：跳绳10分钟，跳远练习20分钟。观看视频课，注意动作规范。

……

今天情况小结与工作布置：

已经反馈孩子学习的共41人，暂缺9人。望家长们有始有终，克服困难陪同孩子学习和打卡反馈的工作。一个多月来，我通过家长们的反馈发现，孩子们的学习总体是正常的、上进的，相信复课后我们的孩子会更优秀……

各科老师齐上阵，轮番布置“停课不停学”的学习任务、催交作业、小结情况……居家学习、在线上课成为孩子们的学习常态。面对公平的教学视频、公平的学习任务，没有了课堂纪律的约束，没有了学习氛围的熏陶，没有了教师直接的督促，没有了同桌的打扰，没有了看不清的板书……

一场场网课拉开了帷幕，开启了家长和孩子们的抗疫线上学习的生活。各媒体为蹭热度，纷纷发表看法：

“网课是挑战，是考验，也是机会。”

“网课之下，会冲出一群黑马，也会陨落一片星辰！”

“待到复课，学校一聚首，高下立判。”

“自律者出众，懒散者出局。”

“网课，照出人生百态，照出你的习惯、态度、毅力甚至人品。”

……

家长开始焦虑了！难免会有“这样子的孩子还有救吗？”的疑问。

关于居家学习，老师与家长说点什么，舒缓家长的心情，似乎有必要了。

人不是机器，更不是永动机。时时刻刻、分分秒秒读书！这不见得是硬道理！机械地进行所谓的读书，旁及其他的更少了！我不敢苟同，那种把居家学习期间过得紧张兮兮的做法，仅靠逼迫和训斥，培养不出优秀人才。居家学习很枯燥很无聊，如果总是催促、打击、吼骂孩子，孩子也会逐渐产生抗拒心理。

我觉得宅家时光，是用来积累和反思的，可以停掉那些意义不大、吃亏不讨好的所谓“学习”，去做点有意义的修行！比如亲子沟通、切身劳动、阅读绘画、日记创作、练字手工。

我认为每天还可以看半小时至一小时的电视，比如观看最近很火的纪录片《出路》，是可以引导孩子树立奋斗目标并为之付出努力的。厚积薄发，学问之理。所以，我们还可以引导孩子博览群书，广泛涉猎，做好积累，明白事理，做有理想、有目标、有动力的人，这才是重要的。

要保持愉快的心情，保持自信、快乐和轻松。整天读书，势必心不在焉，发呆、发蒙便在所难免了。

作为家长，你可以打孩子、骂孩子，但必须忌口，不从人格上打击孩子，尤其是信心！没有自信的孩子，天资再好也是废物。

所以，有“这样子的孩子还有救吗？”调子的家长，可以缄口了。

2022年12月1日

心扉：路漫漫其修远兮，吾将上下而求索

教育实习那些事

转眼间，我从事教育工作十一年了。今年，大学里的师弟师妹们来到我工作的学校实习。他们住进了宽敞整洁的学生公寓，用上了锅炉冲开的热水，专门的乒乓球室也随时向他们敞开，几个《延安爱情》的“影迷”还跑到了教师休息室看电视剧。我们学校已经用多媒体教学了，他们再也不会遭遇我当年寻找教具的窘境了。为了把课上好，他们只要到电脑室打开网络查找教育资料就行了，或者打开远程教育设备，长沙的教育资源就传播过来了。这些令人羡慕极了！

作为过来人，我告诫这些师弟师妹们注意保护嗓子，讲课的声音不要太大，防止患上教师职业病，但他们却拿出了语音扩大器，显然，我的关心成了多余。

前次，一位实习老师为我们上了一堂化学公开课。在讲解H_2O电解成氢气和氧气时，播放了Flash动画，微观的化学反应过程让我们看得一清二楚，直观极了，从孩子们的兴奋样就知道他们完全明白化学反应是怎么一回事了。最令我惊讶的还是这位老师做的化学演示实验。他用摄像头把他在讲台上做的演示实验，清清楚楚地实时播放在屏幕上，孩子们再也没有必要站在凳上、趴在桌上，伸长脖子看讲台上老师的演示了。聊天用的摄像头当作了教学工具，几个听课的老师都禁不住笑了，我相信那真是会心的笑、喜悦的笑、自豪的笑。

师弟师妹们的实习条件让我感叹不已，我更深刻地认识到党的改革开放政策开创了教育的春天。

十一年前，我在新田铺中学实习。那时学校校舍很小、很简陋，借用了乡卫生院的破房子，才安置好全部班级。当实习队到来的时候，没法安置住宿了，我们只好在学校旁的村储藏室打了地铺，勉强安顿了下来。尽管这样，我当时感觉还是好极了，因为有人叫我“老师”了。

走进教室，我感觉到这所中学的简陋。教室的四面墙青砖凹凸不平，泛出了浑浊的黝黑色；里面的课桌都是两个人合用的长方桌，没有涂过漆，桌面坑坑洼洼很不平整，到现在我已想象不出学生是怎么把作业写工整的；教室的地面是泥土夯成的，一到课间学生踩踏奔走，地面灰尘弥漫开来，在斜射进来的阳光里飞舞，让人感到憋闷和心悸。学校党支书告诉我：“治穷先治愚，现在党和国家这么重视教育，让娃儿都有书读了，一切都会好起来的。”

快吃中餐了，只见食堂师傅忙着提起生水，从上往下淋着半生不熟的米饭。我很奇怪，一打听才知道，一天两餐孩子们吃不消。乡党委领导觉得“再苦不能苦孩子”，让能干的师傅想出了这个办法，淋过水的生米饭蒸熟后，米粒充分膨胀，让饭量更多了。当时一股酸痛掠过我的心头，但我仍庆幸这些孩子遇到了好领导、好师傅。

待到晚上就寝的时候，原班主任带我去查夜。这才发现这所寄宿制学校，实际上没有一间学生宿舍。快要熄灯了，孩子们在教室里忙着搬动课桌，几张课桌往里一靠，铺上一层棉被，就算是床铺了。教室空间大，蒙上油布的窗户千疮百孔，冬日的寒风呼呼地吹进来。一股寒意袭来，我担心起孩子们怎样才能挨得过整个寒冬。

实习队安排我上一堂实习汇报课，我经过思考选择了《我爱祖国》一课。为了把课上得通俗易懂，形象直观，我试想着如果能在课堂中展示一面五星红旗，学生就能感受到在国旗下的庄重感觉了。可寻遍校园，跑遍店铺，都找不到国旗。我想到了纸币上的国徽图案，心里这才踏实下来。因为有了实用的教具了，营造了课堂教学的情境，孩子们一下子就活跃起来了。这是一堂典型的传统课，却算得上是我们实习队上得最成功的一堂课了。

回想我的实习，没法和师弟师妹们的实习比了。我感觉到，十一年来，农村教育教学条件越来越好了，国家越来越重视教育了。看着师弟师妹们快乐、幸福的身影，我没有唏嘘，只有惊喜，只有感动！

2008年10月20日

游灵渠

北有长城，南有灵渠。为一睹灵渠的巧夺天工，也为陪儿子度过他人生最后一个儿童节，我们于6月1日参加同事组织的灵渠自驾游。

进入园区，导游细心给我们介绍灵渠的基本情况。这时我才真正知道，这里就是与万里长城齐名的“灵渠”，是秦始皇为征服岭南夷越而开凿的运河！穿过园区中央的，正是灵渠的主干南渠，我可以坐在这河堤上，静静地看着她，轻轻地触摸她，感受她的钟灵毓秀，河面上的水气缓缓地蒸腾，像烟像雾更像是温柔的发丝在飘舞，在晨曦中，是乳白色的发丝衬托着金色的阳光，暖暖地在河面上漫步轻盈地滑动，是迷蒙中的一丝羞涩的温柔，她在不经意地提及那个数千年的前世约定。

“好美的景色，快给我来一张留影。”一个同伴的声音打断了我的遐思。我收拾起行囊，跨过美龄桥，一路逆水而上，秦堤，四贤祠，灵渠，天下第一陡，大小天平，铧嘴……每一处景点、每一块石刻、每一个摩崖都有一串串故事，有一堆堆的传说。

导游姑娘把我们带上游船，我们随南渠顺水而下。千年秦堤早已绿树成荫，印在流动的水中，从细密的树叶间穿透过来的阳光，和水中那晃动的树冠，交相发出熠熠的光芒。悠闲间，导游弹起古筝，置身于此的人们，即使不醉便也有几分的迷离与罗曼蒂克了。

“这就是水街！”不经意间，两个浣衣的大姐弯腰搅动了河水，涟漪一圈圈扩散，闪着金色的粼光，水草柔情地摆动着腰肢，默默地注视着我好奇的瞳仁。两岸迎来了古色古香的建筑，我们都有些兴奋。坐到船中，我们确实听到了潺潺的流水声，心想这便是街道中央流动的灵渠水了，渠的两边随处是上岸的码头，浣衣裳、洗蔬菜、摸田螺……码头的热闹场景还是2000年前的那个样子吗？两岸都是一些店家，人们三五成群地坐在临水的风雨亭，或划拳喝酒，或谈心交流，或看书听歌，几个游客举着相机朝我们的游船照过来，也许他们此时远离喧嚣的现代生活，心灵得到了片刻宁静，与琴的筝筝声泛起了共鸣。一路上，船中有三个孩子无心观赏这等美景，却忍不住看渠水的清澈、水草的肥美，趴在船头与鱼虾嬉戏。

这是在触摸1800年前秦朝那段古老的历史。秦朝统一多民族国家建立的功绩何等伟大？秦始皇那一统天下的抱负和理想，怎不令人惊叹？秦朝的工匠又是何等厉害，修建了如此丰功伟绩的宏伟工程。从这里，长江与珠江两大水系实现了连接，岭南由此正式纳入了中央王朝的直接管辖。

一个同事拍拍我的肩膀，说："没有去过都江堰，来灵渠是个不错的选择。"的确，这里见证了秦朝的强大，见证了秦始皇的卓识，更见证了中国人民的智慧。

"水街那么美丽的地方，真应该去吃点小吃才不算白来。"无奈已近中午，我们赶路去桂林，不得不离开灵渠和她的水街了。

2014年6月2日

我的集体备课的故事

我的老朋友、特级教师李美华打来电话，邀我组织邓彬名师工作室的成员，参加湖南省第二届集体备课大赛，一股跃跃欲试的劲儿瞬间涌上了心头。毕竟李老师的团队在湖南省第一届集体备课大赛中获得的大奖，委实让人羡慕嫉妒爱。

作为湖南省基础教育邓彬名师工作室（初中历史）的负责人，省工程办携手贝壳网组织湖南省第一届集体备课大赛时，我就感叹这是一次深度影响广大教师信息技术能力提升和备课方式的大事，便默默给予了大赛密切的关注。无奈，我任教的初中历史学科没有纳入这届大赛的范围，错失了全程参与的机会。

初中历史是个小学科，每个学校的专职历史教师不会很多，单个学校较难拉起一支志同道合的参赛团队。恰好我的工作室成员遍布湖湘大地，多数虽素未谋面，但借助工作室的平台走到了一起，是一群有网络教研经验的爱好者。正如李老师说的，由工作室组织初中历史教师的跨校团队参赛，是个不错的办法。

放下电话，我摩拳擦掌准备把工作室的老师拉起来，大干一场。于是，我在工作室微信群里发了一则简短的“招集令”：

各位：

湖南省第二届集体备课大赛开始啦！现上传参赛文件，请查看。优秀作品既能获得省级大奖，又能获取相应学分，还能让参赛的同仁积累网络集体备课的经验，收获网络教研的快乐！有意者快快报名参赛哦！

现本工作室接受组团参赛的报名，有意由工作室安排跨校团队的，请在群里回复我，并请告知能否担任主备人或执教人。

一时间，招集令“引爆”了安静的微信群，老师们热情很高，报名踊跃，留言消息“嗖嗖”地往上蹿。报名教师的地域覆盖了邵阳、娄底、湘潭、衡阳、郴州、永州、岳阳等地级市，我根据老师们的意愿、彼此间的熟悉程度和专业素养能力，共组织了七个跨校团队。

跨校团队的召集或许不难，难的是此后几个月时间里的集体备课历程。为了顺利推进各团队的集体备课进程，我全程参与了各团队集体备课的服务和指导工作。我们利用微信群、QQ群、电话等便捷的交流工具，及时解决了各团队集体备课中存在的问题，及时督促了各团队的进展，引领了各团队正常开展集体备课工作。比如，“邓彬工作室邵安潭团队”的名称就体现了教师来自不同地域的特色，他们建立了自己的QQ群、微信群，群研讨、电话交流一直没有停止。在我全程参与下，该团队共召开了五次视频会议，研讨集体备课的具体问题。

功夫不负有心人。七个团队有六个团队胜出获奖，肖海春老师担任主备人的“邓彬历史名师工作室雪峰历史团”、罗小春老师担任主备人的“历思源头”获得一等奖；肖月朗老师担任主备人的“塘田市镇中学历史集体备课组”、刘素兰老师担任主备人的“邓彬工作室郴衡娄历史小分队”、贺艳老师担任主备人的“邓彬工作室邵安潭团队”、陈湘民老师担任主备人的“邓彬名师工作室邵阳县团队”均获得二等奖。

2018年湖南省第三届集体备课大赛如期而来。有了上届大赛组织的经验和收益，我和老师们参赛的热情更高了。这次我们共组织了十五个冠名“邓彬工作室+特色名称”的团队，主备人的选定和成员的配备上，大部分有过沟通，少部分系我派任的。好在老师们把理解和宽容给了我和工作室，集体备课得以顺利进行。

现在，我和邓彬工作室的各团队成员一起，在用心参与的同时，酌酒自醉，静等花开。

2018年10月15日

从困惑到彻悟，探索历史课的生机和活力

——从教以来的教学实践得与失

我是幸运的，选择了初中历史教师作为自己的职业，选择了历史这门影响学生人文素养、爱国情操的学科。

23岁那年走上工作岗位，感恩领导的知遇之恩，让热血沸腾的我在长阳铺镇中学的课堂上遇见了一群顽劣但充满求知欲的山乡孩子。在孩子们身上，我仿佛看到我儿时的影子。“要好好教育孩子！”“爱”在我心里萌芽。当我成为又一批青年教师生命中的那个“贵人”时，我常常看见的是一双双和我一样熬得通红的眼睛。这是一群有着执着教育情怀的青年教师。帮助他们成长，成了我的责任。

任现职以来，不管是担任教学管理工作，还是担任县教研室初中历史兼职教研员，我一直把自己定位为一线的普通历史教师，坚守三尺讲台。二十多年的教学生涯，我深深体会到历史教学的乐趣，也深感历史教学这门艺术永无止境。

长期以来，强调记忆成为初中历史教学的一大特点。这也是学生不喜欢学历史的一个根本原因。学生喜欢具有挑战性的学习，讨厌枯燥乏味的死记硬背。但老师们习惯于传统的“一言堂”，对学生的积极性调动不够。我也遇到类似的困境。如何突破这种“填鸭式”的教学模式，让历史课焕发出应有的生机和活力，成为我教学实践中积极探索的课题。我不断地学习国内外研究文献，运用建构主义理论、有效教学理论、实用主义教育理论、及时协作学习理论，订阅《中学历史教学参考》《中学历史教学》等刊物，结合省内外教学专家的实践经验，积极探寻让课堂“活”起来的模式。

通过学习，我逐渐明晰了研究方向：运用现代信息技术让历史教学活起来。根据研究方向，我先后明确了研究内容：初中历史活动课的教学策略和教学基本模式；初中历史翻转教学中运用移动学习资源的典型案例的方法；初中历史教学微课的制作和运用途径及方法；名师工作室促进湘西南地区初中历史教师专业发展的基本方法。根据研究内容，我确定了研究目标：促使学生“乐学”“学会”“会学”，提升学生历史学科核心素养；提升教师的专业素养，使其熟练掌握历史活动课的教学模式。

有了理论支撑，我便着手在自己的教学中探索“运用信息技术让初中历史教学活起来”的模式，也在工作室研修中和同仁们讨论、交流“运用信息技术让初中历史教学活起来”的具体做法。在此基础上，我将研究内容升格为课题研究。上述四个课题有省教育学会“十二五”教育科研课题（项目编号E-38）、省教育信息技术一般课题（项目编号：HNETR18020）、湖南省教育科学“十三五”规划一般资助课题（项目编号：XJK19BJC014）。开题、研究、结题，我善始善终，或参与，或主持。多年下来，干货多多，收获满满。

我从“将活动引入历史课堂”，开始研究学生欢迎的课堂，开展“初中历史活动课教学的实践研究”。“活动”的开展让学生变被动为主动，激活一潭死水。我和同仁们在课堂上和作业布置上打破常规，推行编演情景剧、手抄报、辩论会、撰写颁奖词、举办历史园地等活动。这些活动寓教于乐，充分调动了学生学习的主动性和积极性，培养了学生自学能力、实践能力、研究能力和创新精神，圆满地完成了教学目标；也倒逼教师突破自身的素质局限和转换角色定位，倒逼教师不断完善知识结构，大胆改革教育方式，倒逼教师更加系统地提升理论及实践水平、教育科研能力。这项研究，获得了省教育教学成果二等奖。同时，我们敏锐地发现：在信息技术发展和“双减”政策的大背景下，“历史活动课教学”，离不开信息技术的支撑。

实践出真知。通过反反复复的研究，我发现初中历史教学跟信息技术深度融合，是让历史课活起来很好的途径。但是，这既要提升教师信息技术的应用能力，还要不断搜集、开发、丰富各种教学资源。于是，我主持“初中历史翻转教学中的移动学习资源建设与应用研究”，也参与“部编新教材初中历史微课资源开发及应用研究”。积极开发初中历史H5课件、电子作业、微课、电子漫画、动画……将其深度融合到历史课堂，成为我日常工作的重要组成部分。

例如，在教授“三角贸易”时，由于传统的三角贸易形势图简单，欠明了，我采用自己制作的“三角贸易”Flash动画，在课堂上播放动画，展示了三角贸易的“出程”“中程”“归程”路线、船载的物品。生动、具体、形象的画面，立即吸引学生的眼球，激发学生探究的兴趣，改变学生学习的方式。这是传统《历史地图册》无法实现的，充分显示了信息技术与历史教学融合的优越性。

上述四个课题都已经结题，并获得了省、市教育教学成果奖。回顾这一艰辛的历程，我和同仁们收获了“运用信息技术让初中历史教学活起来”的研究成果：

第一，建设了一批优质的初中历史移动学习资源，同时构建形式多样，基于利用移动学习资源的教学模式，使教学从“教师—教材—学生”交互，变为“教师—教材—移动学习资源—学生”交互。开发出的资源和新的教学模式，符合学生的兴趣，切合学生的需求，有效提高了教学效率。

第二，促使我和老师们顺应时代潮流，转变教学理念，不断提升自身的教育教学水平，实现了教学观念、教学方法、教学手段的现代化、科学化，切实提高了教育教学水平，也有效推进了学校教学设施现代化、信息化的建设进程。

第三，激发了学生的学习积极性。信息技术的形象性、直观性能够将教学内容中比较抽象的复杂的内容直接呈现在学生面前，刺激学生的感官，从而激发学生学习的兴趣，学生主动学习的愿望增强了，学习效果更好了。

现在，我的课堂充满了生机，教学成绩也十分突出。任现职以来，虽然我的学生是农村学生，也不是重点班，但我所带的班级教学成绩在全镇基本位居前列，所领先的年级在全县基本位居前五名，我先后被评聘为邵阳市首批学科带头人、邵阳市骨干教师，荣获了湖南省实事助学杰出教师奖。

反思教学实践，我深感在教学中还有很多不足。我虽然看了很多理论书籍，但不能很好地融会贯通，对课堂教学中突发性问题不能及时解决，这样就降低了教学效果，留下了教学遗憾。我们探索“运用信息技术让初中历史课活起来”的教学模式，虽然取得了较大成效，但它研究范畴特别广，内容特别多，程度特别深，我们的探索只是刚刚入门。因此，理论水平有待进一步提高，阅读量有待进一步增加，教学成果有待进一步扩大。在实际操作层面，乡镇学校教学设施相对落后，农村孩子的视野窄和能力有限，制约了信息技术在初中历史课堂中的应用。

一路走来，我在不断寻找更理想的教学模式梯子，希望登上更高效的历史教学高峰。我坚信，只要不断探索，在信息技术2.0时代背景下，我们农村初中历史课堂教学将变得越来越有声有色。

2021年10月15日

甘当乡村教育的孺子牛、老黄牛、拓荒牛

二十四年前我怀着美好的憧憬，被分配到长阳铺镇中学，开启了自己的教育生涯。其间，我有很多机会可以调离这里，去条件更好的岗位，但我喜欢长阳铺镇中学的学生，最终还是留了下来，在这里扎了根。

自工作以来，我从未有丝毫懈怠，先后担任历史老师、班主任、教导主任、副校长。现在担任副校长兼班主任。逐渐成长为一名优秀的共产党员、湖南省邓彬名师工作室负责人、邵阳市初中历史学科带头人。

爱生如子，我甘当乡村教育的孺子牛

我有一名学生叫陆朝阳，他在上学途中不幸发生意外，导致右手被截肢。他的父母精神崩溃，感到天都要塌下来了，既担心高昂的治疗费，又担心孩子的未来。见此情形，我怜悯之心油然而生，当时月工资不足400元的我毫不犹豫捐助500元。陆朝阳回到学校后，我又手把手地教会他用左手写字，并给他安慰与鼓励。现在，这名学生成了养殖专家、致富能手。

我曾倾心资助了一名叫李冬梅（化名）的女生。她刚来时，衣着陈旧，郁郁寡欢，课后总独自蜷缩在座位上，不愿与人交流。我了解到，她家境贫寒，父母体弱多病，没有正常的劳动能力。我说服我的妻子，决定帮助这个因为贫困而自卑的孩子。我收拾好房子，把李冬梅迎进了自己的家，待她如亲女儿一般。在我的耐心辅导和无私资助下，李冬梅顺利考上了重点大学。现在，她已经是深圳市一家银行的高管。李冬梅的人生轨迹能够发生翻天覆地的改变，作为倾心教育过她的老师，我感到无比欣慰。

先后被我接进家里的学生多达十几位，他们或因贫困而自卑，或因留守而无人看管。在我的帮助下，他们变得阳光、开朗、上进，后来都得到了很好的

发展。上学期接进我家的连涛同学，参加今年的生地会考，成绩达181分。他的家长逢人就说，这多亏了邓老师啊。

勤勉尽责，我甘当乡村教育的老黄牛

投身教育工作以来，我的岗位几经变换，但我始终立足本职，任劳任怨。近几年，我既是副校长，又是班主任，还承担了4个班的历史教学任务。尽管如此，我毫无怨言，默默承担。

每天早上6点起床，晚上9点才回家，我全身心扑在工作中。我妻子多次责怪我说，“你就是一个典型的工作狂”。由于长年工作劳累，我患上了咽喉炎等职业病，前年还因颅底占位性脑膜瘤在湘雅医院做了两次伽马刀手术。出院时，医生再三嘱咐，同脑瘤的斗争是长期的，建议我好好地休养，少操心少劳累，防止脑瘤变大，降低开颅手术的风险。但我惦记着我的那班学生，因为化解大班额，我带的班级是同年级各班多余人数拼出来的，已经经历了换教师的痛苦。如果我不能回到岗位，临近毕业的他们又要换老师。刚出院的两天里，我手术的伤口尚未愈合，我就跟妻子、父母沟通，但他们坚决不同意我带病坚持工作。所以，在父母的责骂、妻子的无可奈何之下，出院第三天我就毅然回到了学校。

处处为学校发展、学生成长着想，我时时刻刻督促自己倾心于教学管理。功夫不负有心人，学校教学质量最近十余年基本居于全县前五名。因此，我连年被评为学校优秀教师、德育教育先进个人、特殊教育先进个人、教学质量先进个人。面对荣誉，我深深明白了信念的力量。这力量，源于我对乡村教育的热爱与执着。

潜心教研，我甘当乡村教育的拓荒牛

我积极发挥自己专业素养扎实的优势和省级名师、培训专家的影响力，努力促进我地初中教师的专业成长。我先后担任赛课主讲评委，市县两级微课制作培训教师，国培、省培辅导员等职。2015年以来，我现场培训教师40多场次，10000多人次，网络直播培训6场次。我以扎实的专业知识、娴熟的信息化技能，力促教师专业化成长，有效推动当地初中历史教学工作整体提升。

勤耕耘，成果丰。我有6个省市级课题，有4个先后获得省市级教育教学成果奖，撰写的10余篇教学论文发表在各级各类刊物上。名师工作室也成为当地影响较大的教育平台，平台免费提供工作室开发的教育资源5000余条、开展免费的教学讲座40余堂、提供免费的名师课堂60余节、免费分享工作室研究的教育成果10余个、免费解答教师教学疑难1000余条。平时，我还主动“传、帮、带”，下花桥的蒋韶辉，塘中的刘冰洁，石齐的易文丽，塘田市的肖月朗，金称市的陈湘民，长阳铺的钟娟、马振兴、罗向荣等一大批青年教师在我的指导下，成长迅速，分别获得了国家级、省市级奖项。

捧着一颗心来，不带半根草去。2021年4月20日，《邵阳日报》以“勤勉写春秋　丹心育桃李”为题报道了我的育人事迹。我的成长，离不开领导与同事的关怀、帮助、支持与鼓励。此时此刻，让我由衷地道一声：谢谢你们!

回望过去，我问心无愧；展望未来，我豪情满怀。我将继续当好乡村教育的孺子牛、老黄牛、拓荒牛。

2022年9月5日

附 录

附录1：一花独放不是春，万紫千红春满园

结合学情　对照课标　夯实基础　提升效率

陈湘民

在离中考还不到一个月的时间里，邵阳县在石齐学校迎来了2022年初中历史中考研讨会，这是我们历史教师的荣幸。在县教育局和邓彬名师工作室的精心组织下，研讨会得以顺利召开，在此我们要感谢县教育局领导与工作室人员的辛勤付出；在邓彬老师的要求下，我能够有机会站在这个台上发言，内心十分激动，这要感谢各位领导和同仁的信任。

各位同仁，我是来自偏远乡镇中学的一名历史教师，要说谈经验本人诚惶诚恐，因为本人学识肤浅，不是历史科班出身，浑浑噩噩地教了12年历史，不过在同仁面前班门弄斧、要小伎俩罢了。但是既然已经身为一名历史任课教师，就要锚定目标教好书育好人，发扬历史探究精神，以培养学生历史人文素养为目标，以提升乡村历史教育质量为己任。所以在此献一下丑，希望不要见笑。

今年我教了3个九年级的班级，占金称市镇中学毕业班一半。根据自己平时中考复习的经验，我在此略谈五点看法，希望与大家共享。

一、认真研究2011版课标，划重点减轻学生负担

课标是复习的指明灯，犹如漫漫大海中的灯塔，在第一轮复习前我对2011版课标进行认真研究，做到心里有数，才能有的放矢地开展基础知识复习。复习时，我严格按照2011版课标的要求讲解各册重难点历史知识，课堂上反复叮

嘱学生要划下重点内容，不时到后进生身边指导他们。

因为农村学生基础差，优等生少，班级后进生太多，所以我在课堂上千叮咛万嘱咐要求后进生划下历史识记的内容。在基础知识讲解中，我对照课标要求，删减了许多无关紧要的历史内容，比如在讲解远古人类时，我要求学生只记北京人遗址、考古依据——化石等，这样既减轻了学生识记负担，又让学生容易识记。

二、熟读、默写、因材施教，让中、优等生吃好，让后进生吃饱

按照中考考试要求，考试内容70%是基础知识，这说明只要学生认真学习，基本就能保证考试及格。所以我在中考复习时利用每天课后辅导时间要求全体学生读、背25分钟。我在黑板上把要默写的内容以问题的形式呈现，比如默写英、美、法进行资产阶级革命（写出革命的事件名称、开始标志性事件、领导人、革命过程中颁布的文件、性质、历史意义），这样学生能够有目标地读、背。读25分钟后就听写历史知识。我根据湘岳中考章节内容的多少，有时默写一课时，有时默写三课时。例如，第三单元中国现代史，第12课时这一节做一课时默写；第13、14、15课时，将所学内容一次性默完，这样默写进度与讲解进度能够跟得上。

默写完成后，我认真批改作业默写本，对学生容易出错的知识点再强调、再回炉，让全体学生参与基础知识的默写，这样后进生努力读书、背书，对历史基础知识便能够掌握一二。

同时，我编写一些综合性作业给中等生与优等生做。例如，对于中国近代化探索道路，后进生只需记住事件名称、口号、代表人物；而中等生在此基础上还要记住历史影响及启示；对优等生的要求更高——进行中国近代化与欧洲近代化横纵对比，归纳出中国近代化历史特征与感性认识。加大优等生的识记难度，提升优等生历史知识的广度与深度。

三、结合时政开展专题复习，提升学生学习兴趣

现在历史考试选择题和阅读材料题多与时事政治有关，下面是近四年的中考试题：2018年中考试题，马克思200周年诞辰、马克思主义诞生170周年；2019年中考试题，五四运动100周年、新中国成立70周年；2020年中考试题，新

冠疫情暴发；2021年中考试题，中国共产党诞生100周年。由此可以看出历史考试有部分知识与时政有关。

我在专题复习过程中，经常去了解国内外新闻事件，把报纸上的重大新闻报道剪下来粘贴在学习园地一角。学生不时走进学习园地一角浏览，不由自主地关心天下事。

我在组织专题复习时，融入时政，如讲世界格局这个知识点时，要提一提俄乌冲突，告诉学生这是地区冲突的表现，要求学生认识和平来之不易。在讲解新航路开辟时，我要提一提纪念哥伦布发现美洲520周年、麦哲伦环球航行500周年的新闻报道等。我在专题复习中融入时政，让历史复习十分接地气，让复习课不死板，达到活学活用的目的。

四、利用考试找差距，分析试卷查问题，提升学生解题能力

学生学习情况如何？复习得怎样？只有通过适应性考试才能检验得出来。虽说考不是万能的，但考了一定有用。本学期单元考试与综合性考试达12次之多，要说明的是我们学校每周只有2节历史课，所以得挤时间去考，这还要感谢班主任配合历史教学工作。每次考完之后，我从看试卷到登完分要扎扎实实坐4小时，一坐就要到深夜。

如果只考试不去分析试卷，考是没有用的。每次考试之后，我静静地查看学生试卷，统计学生们普遍出错的题目，分析出错的原因，提醒学生答题的技巧与思路。例如：在选择题讲解时教学生抓住题干里关键字去选答案；在分析材料时，要求学生先仔细阅读材料，然后带着问题去材料中找关键句子，从中提炼出重要语句。我的学生以前害怕做探究题，经过点拨与训练，他们现在最喜欢做探究题了，因为探究题归纳性最强，死记硬背的东西少，答题只要言之有理就能得分。

最近两次适应性考试：第一次，探究盛世局面；第二次，探究反抗外敌侵略。有6分可以说按部就班填入方框中就能得分，这样的得分谁不喜欢呢？

我要求每个学生把错题一一誊在错题集上，在课后要温习这些错题，避免以后犯重复性错误，从而让学生在点滴中提升解题能力。

五、分析考试成绩，形成班级良性竞争，营造和谐环境

我任教的3个毕业班的成绩不分上下，每次考试过后，我进行班平均分、及格人数、优秀人数、30分以下人数的综合对比，让学生既看到自己班级的优点，又看到自己班级的问题。有些班级优秀率较高，但后进生太多，造成班平均分数低，我就鼓励后进生不要拖班级后腿，激励他们为班级荣誉学一点，慢慢地30分以下的学生就逐步减少了。有些班级后进生少但优等生不拔尖，就鼓励优等生去查漏补缺，多做一些探究性题目，拓宽知识面。有些班级班平均成绩相当好，就鼓励他们再上一层楼，力争班级向更高目标前进。

对不同班级进行鼓劲加油，各班在一次次分析中不断进步，形成你争我赶的局面，营造和谐快乐的学习环境，收到不一样的效果。我所教的班级236班的成绩最好，231班与237班的成绩相差无几，三个班班平均差距在5分之内。

路漫漫其修远兮，吾将上下而求索。历史中考复习没有一成不变的方法，复习的方法有千万条，但万变不离其宗，那就是根据学生实际情况选择适合自己的复习方法，立足课本知识对照课标夯实基础知识，着眼时政接地气地开展专题复习，以时不我待的勇气探索、创新中考历史复习方法。

各位同仁，以上就是本人的拙见，敬请批评指正，希望你们能够提出更好的见解、更实用的方法与大家分享。

最后预祝2022年初中历史研讨会圆满结束！预祝我县初中历史成绩再上一个新台阶！

谢谢大家！

初中历史教学中史料教学法的应用探讨

刘双喜

初中历史作为中学生的重要课程，如何开展有效教学始终是新课改背景下一线初中历史教师苦苦探索的问题。史料教学法旨在利用史料讲述丰富学生历

史知识的同时，激发学生对历史知识的兴趣，从而培养学生历史学科素养。由此可见，对初中历史教学中史料教学法的应用进行探讨，对教师和学生的发展都具有积极意义。

一、史料对初中历史课堂教学的重要作用

史料是历史知识的原材料，历史课本中所有的知识都是将史料进行编排、加工后形成的。初中历史课本作为学生接触史料、学习历史知识最重要的媒介，如何有效运用初中历史课本让学生更有效地学习史料知识，这不仅考验着教师的教学水平，更体现出了史料对初中历史课堂教学的重要作用。总的来讲，史料对初中历史课堂教学的重要作用主要体现在以下几个方面：首先，史料比历史教材中的知识点更严谨，并且符合一定的逻辑性，依靠史料还能梳理课堂历史教学知识点；其次，史料并不完全等同于历史课本，二者存在一定差别，所以史料对历史教学有着重要的弥补作用，特别是对历史知识细节部分的处理更加细腻。因此，教师在教学中要将二者结合，这样史料的作用才能最大限度发挥。

二、当前我国初中历史课堂运用史料教学存在的主要问题

有些教师自己对史料地位的认识及运用存在问题，导致课堂上教师对史料知识的运用及融入不够到位。一方面，教师在教学时对史料教学重点的把握不够，导致史料和历史课本内容结合程度不足，让学生对所学知识不能更好地区分重难点、关键点。另一方面，我国现存古代史史料大多是以文言文呈现，但是文言文本身就是学生学习的难点，并且学生对文言文学习的兴趣不够。这就导致教师在运用史料进行教学过程中容易让学生感到枯燥难懂，继而对初中历史学科失去兴趣。

三、新时代素质教育背景下史料教学法在初中历史课堂教学中的应用策略

（一）选择的史料内容要符合学生的兴趣及理解水平

对初中生而言，文言文史料内容非常难以理解。初中生正处在思维非常活跃的阶段，容易产生联想但考虑问题又非常片面，因此教师在采用史料教学

法时，一方面要认识到学生个性特点在教学中的影响作用，另一方面要充分了解学生已有知识基础。这样一来，过于抽象的文言文内容不至于让学生感到无所适从。另外，教师在选择史料内容时，可以将史料内容转变成通俗易懂的图画，这样不仅降低了学生对文言文史料的掌握难度，也提高了他们学习史料的兴趣。史料虽然具有严谨性，但也不乏趣味性，尤其是其中生动的故事情节，加上教师抑扬顿挫的语气，可以为课堂教学增添更多的趣味。

（二）借助多媒体进行教学

中国古代史文字史料比历史课本中的知识要枯燥许多，因为它基本上是文言文。如果教师让学生长时间在一节课上接触生涩难懂的文言文史料，那么学生对历史学科的兴趣会慢慢消散。史料教学法要求教师在运用史料教学过程中，一方面要注意其过程和方法的多元化，另一方面要重视多媒体在教学过程中的应用。首先，多元化的教学过程和方法，能让教师引入的史料内容活跃起来。例如，教师在借助多媒体教学时，教师在讲课的过程中，学生也可以根据多媒体课件中的内容适当摘取一部分到课本中，从而弥补课本中的不足。其次，借助PPT可以有效展示历史人物及事件，特别是战争路线图，让整个教学过程更加灵动。

（三）引入史料到历史教学中要重视指导

史料的逻辑性和严谨性及文言文的表达形式，让史料的运用与掌握都非常困难。所以，教师在进行讲解时，一方面要将史料的内容尽量讲解详细，从而让学生理解史料和课本知识之间的关系，另一方面要指导学生从已有知识中寻找理解文言文史料的方法。例如，在进行某个知识点讲解的过程中，有的学生依靠课本知识无法理解，但是在穿插一个史料故事后，就对该知识点有了更充分的认识。这时，教师就可以指导学生在这种理解作用下强化知识。

四、结语

总而言之，史料和历史课本内容存在差别，无论在内容还是表现形式上。所以，教师一方面要将之结合起来，让史料有效补充历史课本知识，从而让学生对课本知识的理解更饱满；另一方面要降低学生对文言文史料的理解难度，让学生不再为史料的运用和学习感到困难。

关于培养中学生历史兴趣的教学策略探究

罗小春

初中历史教师要将兴趣教学法贯彻到课程教学的每一个环节中，上课前要激发学生的学习兴趣，课后可以设置有趣的课堂练习，让历史课程变得丰富多彩、活力无限，注重对学生多方面技能的培养，重视全体学生的全面发展。

一、声色结合，活化历史教学，激发学习兴趣

要想打造生命化的历史课堂教学就要不断创新历史教学模式，要激发学生学习历史的兴趣与热情，以趣为先，因趣生疑，用趣贯穿。对此，教师要提升自己的语言魅力，不断丰富知识与专业素养，学会使用多媒体这种媒介活化课程，激发学生的学习兴趣。多媒体教学模式作为一种融合文字、音频、视频等多种形式的新方法，深受师生的喜爱。教师可以利用多媒体对教材中的知识进行归纳与整理并形成PPT，课件的丰富内容可以让学生在极短时间内对知识有一个大致的掌握，多媒体教学的图片、音乐、视频、动画等能够集中学生的注意力，使辉煌的历史、灿烂的文化、千年的遗迹都真实地展现在学生面前，这是一个良好的课堂导入方式。

例如，在讲解“青铜器与甲骨文”这一课时，我就利用多媒体展示了青铜器的实物照片，包括四羊方尊、司母戊鼎，精美的纹饰、精致的做工引起了学生的讨论，我借机指导学生，加强其对青铜艺术这一中华文化瑰宝的认识与珍视，使其感受到劳动人民的勤劳与智慧。我随后播放一个视频，展现了汉字的演变历史，使学生了解金文、小篆、隶书、楷书等文字的特点，重点识记甲骨文是我国最早的文字，感受我国文化的博大精深、源远流长。声色结合的多媒体课堂使尘封的历史变得生动起来，使繁杂的知识变得更层次化、立体化。

二、师生互动，调动课堂氛围，激发学习兴趣

一堂生动有趣的历史课程一定要有合理有效的互动，互动教学即老师与学生、学生与学生之间的互动。这样的教学模式摒弃了传统的老师一人主讲的单调课堂形式，化单调为多样，变无趣为有趣，生动形象地展开对初中历史课程的讲解。其中，合作化教学模式就是一种良好的吸引学生兴趣的方式，它是指由学生自由结组，然后以3—5人的小组为单位进行自由学习，教师提出合理问题进行思路引导，学生就历史问题提出自己的观点与见解，充分发挥了学生的主体性，学生在讨论问题的过程中进一步提升了对历史的兴趣与热忱，小组之间的有效提问也使得学生增加了自信心，提高了与人沟通的能力。

例如，在讲解七年级上册“百家争鸣”这一课时我开展了合作化课堂，提出问题“为什么会出现百家争鸣的现象？你最喜欢哪一家的思想主张？尝试说出原因？”百家争鸣的流派众多，主要有儒家、道家、墨家、法家、兵家、纵横家、名家、杂家、农家等流派，观点各异，学生各有自己喜欢的流派，所以我给予学生讨论的时间，激发了学生主动思考问题的欲望。然后让学生表达自己的观点，教师依据学生回答进行各流派观点与主张的总结。合作化的历史课堂加强了师生互动，激发了学习兴趣，深化了学生对知识的理解。

三、增强实践，丰富教学形式，激发学习兴趣

为了提高学生对于历史课程的兴趣，我可以创设形式多样的历史课程教学实践：开展历史题材手抄报的评比大赛，历史作文征文大赛，要求内容呈现历史的相关材料，体现自己的历史观。教师也可以通过为学生播放电影，激发学生的历史兴趣，随后进行电影观后感的作文大赛，对优秀学生的作品予以展出；还可以安排学生进行历史短剧的排演，学生可以利用教具、实物、图片等完善自己的表演。打造全新生动的历史课堂，不仅激发了学生的学习兴趣，提高了历史学科的学习效率，还帮助学生培养了良好的历史观、世界观与价值观，可谓一举多得的教学手段。

例如，在讲解八年级上册中国人民站起来了这一课时我开展了实践化课堂，为学生播放了电影《建国大业》的电影片段，学生带着兴趣观看视频。我提问“看到毛泽东主席宣布中华人民共和国成立的时候，同学们是怎样的感

受？”学生们的回答庄严肃穆又令人振奋。为激发学生的课堂兴趣，我设计了一个小活动，鼓励学生模仿毛主席在天安门城楼上讲话的声音、声调，模仿有利于学生体会毛主席当时的心情，感受自己作为中华儿女的自豪之情，由此，教师对学生进行了爱国主义教育。

综上所述，历史教师应该不断增强学生的学科素质和人文道德修养，以校本为基础，树立学生正确的历史观念，培养学生良好的世界观、人生观、价值观。

2018年初中历史中考复习对策

肖月朗

中考作为教育行政主管部门检测学生学习成绩的一种手段，既为择优录用学生提供依据，也为引导学校教育教学改革，贯彻党的教育方针，推进素质教育发挥引领作用。近几年，随着国家对素质教育改革的推进，历史中考也在不断地改革、发展、创新，对初中历史教学提出了新的要求。明确命题方向和特点，才能有效地做好初中历史课堂教育教学，出色地完成历史教学任务。接下来我将从历史中考试题特点、命题的依据与意图、教师的教学复习对策三个方面跟大家探讨。

一、历史中考命题特点

全国近年来的中考历史试题，都强调学生对基础知识的掌握、对祖国传统文化的感情、形成科学的历史观点、辩证地认识历史与现实社会发生的事件等。为了体现这种命题意图，中考试题有以下特点。

（一）考试命题内容重点集中，要点明确

近几年的中考历史命题从内容来看，对学生要求不高，选入考试内容的都是每个历史阶段最重要、影响最大的历史事件、历史人物、历史现象，是课堂上最能引起师生重视的知识点，或者是很多历史爱好者喜欢谈论的历史常识。这些历史知识，作为考试内容，比较均衡地涵盖每个学期的教材，通常学生只

要在课堂上认真地参与了学习活动，就会熟记下来。

（二）考试命题注重学生对知识的理解与运用

目前，中考历史试题基本上由选择题、非选择题（材料综合题）两部分组成。选择题的备选答案大都是重要的历史事件、历史人物或人物作品与成就；材料题通常不要求学生死记硬背每个知识点，而是要求学生灵活地运用历史常识来解答问题，对教材中一些涉及内容较广的历史事件，学生只要掌握部分要点，基本就能满足解答试题的要求。如2017年湘潭中考历史试题（四大题问答题33题）：“19世纪中期到20世纪初，西方列强多次发动侵华战争，同时饱受欺凌的中国人民也进行了不屈不挠的抗争。”其中问题（1）（2）（3）都只要求写出两例战争名称、两位民族英雄，对《南京条约》《辛丑条约》内容都只要求回答其中一条内容。

（三）考试命题注重挖掘学生生活中的历史，将生活与历史联系起来

无论是选择题，还是非选择题，为了达到引导学生将历史与生活联系起来的目的，命题者总是力图寻找生活中的历史符号，并将其与考试知识点关联，然后选进试题中。这种命题，体现了历史教学中要培养学生阅读理解能力和应用知识的能力、传承祖国传统文化与地方文化。如2017年怀化历史中考试题（选择题22题）：“端午节，海内外华人划龙舟、吃粽子的习俗是为了纪念湖湘文化的开启者是（　　）”试题将屈原的历史与现代生活联系起来。

（四）考试命题注重对学生历史观点和主观认识的考查

中考试题都会有主观题，目的是让学生表达自己对历史事件、社会生活的看法，这类试题其实就是考查学生的历史观、对社会的态度。

（五）考试命题注重对历史文物、人物、作品、历史地图等图片的认识与呈现

如司母戊鼎、四羊方尊、秦朝的圆形方孔铜钱、胡夫金字塔、瓦特的蒸汽机、斯蒂芬孙的火车、爱迪生的电灯泡等图片容易出现在试卷的选择题中，而都江堰、孔子、老子、秦始皇、汉武帝、开国大典、香港回归与徽旗、澳门回归与徽旗、二战中美英苏三国首脑的合影、欧盟徽标、联合国徽标、世贸组织徽标等图片在综合题中出现的频率很高。

二、命题的依据和意图

近年来，各省为了加强对中考命题的指导，都纷纷制定考试标准，对每一科的考试内容、要求、题型、板块分值提出了明确的规定。作为各省中考命题的指导性文件，既为中考命题提供了依据，也为教师的考前复习和教学提供了指南。有经验的教师在中考总复习时，总会阅读考试标准，明确每个知识点的要求，给学生确定了解、理解、运用的知识点的范围与层级，有计划地指导学生复习，减轻学生心理上的压力与负担，克服学生在总复习过程中盲目、恐慌的心理。

考试标准制定的依据是教育部颁布的《义务教育历史课程标准》，教育部先后颁布了2001年版、2011年版两个版本，它是编写教材、组织教学、考试命题、教育实施与评价的依据。《课程标准》的修订一方面反映国家在实施课程标准的过程中发现了一些问题，及时作出一些调整，同时从另一方面也反映国家教育理念上的一些变化。全国初中历史教材有多个版本，但重点一致，考试的题型、命题特点也呈现大同，因为都是依据教育部颁布的《义务教育历史课程标准》来编写和命制的。

（1）教育部《义务教育历史课程标准（2011年版）》为当前历史教师提供了组织教学、评价学生、考试复习与命题的方向。所以，“以人为本”“面向全体学生”的课程设计理念，规定了目前历史中考试题要以历史基础知识为考试主要内容，要降低题目的难度以符合大多数学生的学习水平，这决定当前考试命题内容重点集中、要点明确的特点。

（2）《义务教育历史课程标准（2011年版）》指出了历史学科的思想性、人文性，要求用优秀的历史文化陶冶学生的心灵，增强爱国主义情感、坚定社会主义信念的教育，逐步树立正确的世界观、人生观、价值观。所以教学不能停留在历史知识的死记硬背上，应与学生的生活相联系，教师应引导学生树立爱国主义情感、社会主义理想信念和科学的历史观。中考命题也将历史知识与实际生活联系起来，考查学生的历史观点和主观认识。这种命题方式可引导学生进行历史课外阅读，拓展学生的知识面，培养学生的阅读习惯与阅读能力，提高学生的人文素养。

（3）《义务教育历史课程标准（2011年版）》关于“注重人类历史不同领

域发展的关联性，注重历史与现实联系，使学生逐步学会综合运用所学知识和方法对历史和社会进行全面的认识”的表述，反映在中考命题中，会把一些最新的时事热点引入考试中，考查学生运用所学历史知识解决社会问题的能力和立场。如2017年历史中考材料综合题中，“一带一路”国际高峰论坛的新闻材料被多个省市引用，将它与丝绸之路、郑和下西洋、新航路开辟、经济全球化等知识考点联系起来，考查学生的理解运用能力和历史观。

从《义务教育历史课程标准（2011年版）》到考试命题，对历史教师的课堂也提出了新的要求，教师在课堂上不仅仅要让学生阅读教材、记住教材要点知识，更应该注重引导学生通过历史现象看本质，理解历史事件的意义与相互联系，用发展的思维去认识历史，以培养学生的历史学习能力、科学历史观、正确的情感态度，学生在教师长时间地引导下，能够获得应该具备的学习能力和历史观，这样才能算得上圆满完成历史学习任务。

三、教师的教学复习对策

学生优异的中考成绩，不仅为学生升学提供依据，也是基层教育主管部门评价初中教师教学效果的依据，更是教师个人教育成绩的证明。初中教师，在进行课程教学以前，应该细心阅读教育部《义务教育历史课程标准》，理解每一部分的内容，并按要求组织自己的教学活动，这样才能够保障教学质量。

三年磨一剑，教师应怎样指导学生做好考前复习，提高中考成绩呢？我认为应该从这些方面努力：

（一）给学生减压鼓劲

作为农村教师，我对当前的教育充满信心，不认同学生都要教师逼着他们才去学习的观点。到了中考复习时，每个学生都承受着巨大的压力，教师要想提高学生的学习效率，就必须注意给学生减压鼓劲。作为历史教师，我在进入总复习时，首先就告诉学生，虽然历史有六册教材，但考试要求你记的内容并不多，而且都是教师在以前上课时重复了多次，是你们耳熟能详的，所以不要想着还有好多东西忘记了、记不起来，不用担心紧张。对于要记的那一点内容，老师在复习时会再次提示你，如果忘记了就利用课堂时间记下来；不要求记的东西了解一下就好了，不要再浪费时间逼着自己记。对历史事件的理解只要观点正确，会用自己的语言表达出来就行，你的观点就是这三年来教师课堂上的观点，你会怀疑教师的观点有错吗？所以理解应用的题目更是难不倒你。我的历史总复习，不管学生成绩好坏，我都会给他们营造一种轻松、自信、活泼的学习气氛。

（二）选择一本复习指导用书

目前中考复习资料遍地开花。教师应该心里有数，不管哪一本复习资料，它要想获得使用者的认同，就必须以当前的《义务教育历史课程标准》为依据编写，体现课标的教育理念，内容、要求。以此去比较各家复习资料结果都如出一辙、大同小异。所以，教师只要以一本复习资料为教材，要求学生依据教材对规定的知识点进行复习，分层级掌握各个知识点，而不要使用多本资料，弄得学生不知道用哪本资料，也徒增学生的负担。对于使用中考复习资料，我们的目的只有两个：一个是帮助学生明确三年的考试知识要点；另一个是提供系列练习，训练学生的思维能力和答题技巧。当然，在复习过程中，如果发现选用的资料与课程标准存在不同，教师可以适当调整。

（三）整理知识，进行思维训练

总复习时，教师的作用就是指导学生根据课程标准建立知识架构，让学生明确自己要掌握的知识、历史观点。学生在教师的指导下，以时间为序，建立各个朝代的联系，并记住其中政治制度的变化、民族关系、对外交往、经济成就等重要事件，这样，一册教材重点就剩几百字了。在复习过程中，为了强化学生的记忆和理解，我会引导学生比较不同时期的历史，比较中外历史知识，建立相互之间的联系，提高学生学习效果。掌握知识要点，通过作业练习帮助学生掌握解题的思维方式、技巧，提高学生应考能力。在选择练习时，我适当编写一些综合材料，把最近发生的一些国内国际热点事件放进去，让学生去理解认识，也能进一步培养学生的历史认知能力，使其形成正确的世界观、人生观、价值观。

（四）用模拟考试提高学生临场应考能力

这个过程我们每个教师都会按常规习惯进行训练，了解学生对知识的掌握情况，督促学生考前查漏补缺，提高学生解题能力和应考能力，使学生减少考试紧张等，我们都是同行，不再赘述。

中考作为学生学业水平考试检测的一种手段，还将在一定的时期内存在，也会随着我国教育改革的发展而不断变化。作为初中教师，我们始终是中考的参与者，只有让自己站在中考研究的前沿，才能把握教育改革的脉搏，在教育教学中长风破浪，激流勇进。

核心素养下初中历史高效课堂的构建策略

钟娟

所谓核心素养，就是学生在学科当中应该被培养出的学科素质，核心素养对于学生的好处是巨大的。对于学生核心素养的培养，教师需要不断改变自身的教学方式和教学理念，提升自身的教学水准。那么历史学科的核心素养是什么呢？

一、历史学科的核心素养

（一）唯物史观

所谓的唯物史观，指的是人类社会历史客观基础以及发展规律的科学的历史观以及方法论。

（二）时空观念

所谓的时空观念，是能够对历史的时间和空间进行观察与分析，能够对特定的时间有概念。

（三）史料实证

所谓的史料，是考察出的历史材料。

（四）历史解释

历史解释指依照史料对历史进行理解，以史料为依据，依照自己的历史理论，同时对整体的历史事物进行客观的理解和分析、评判的能力。

（五）家国情怀

家国情怀指的是学生在学习历史的过程中产生对于国家的感情和投身到国家建设的抱负，是爱国主义的具体体现。

二、核心素养下创造历史高效课堂的意义

在核心素养的基础下创造历史高效课堂的重要意义并不仅仅在于能够培养学生的学习兴趣以及提升学生的学习成绩，更重要的是，在生本理念的支持下学生能够得到历史核心素养的提升。创造历史高效课堂能够培养学生思维能力以及自我思考能力，使得学生能够对历史内容进行单独的思考以及理解，能够培养学生“以史为鉴”的精神品质，让学生能够对我国的历史有所了解，增强学生的民族自信感和自豪感。

历史学科是一门十分重要的学科，能够让学生学会很多道理，能够增强学生的民族荣誉感，让学生将国家的事当成自己的事，让学生将自身所学投入国家建设当中。

三、核心素养下创造历史高效课堂的做法

（一）更新教学理念，培养学生的学习能力

为了创建高效课堂，教师需要改变自身的教学观念，转变为更适合当前社会发展的生本理念，让学生成为课堂的主人。这就要求教师在课堂上必须明确学生的位置，尽量少运用一些命令性的语言和肢体动作，更多地使用引导性的东西来引导学生思考，提升学生的思维能力。比如说教师可以尽量利用提问题的方式让学生思考和辨析，以此提升学生的历史思维。在学习贞观之治的相关内容时，教师可以对学生提出“当时唐太宗李世民的主要做法是什么？”“以史为鉴，我们可以从中学到些什么内容和精神？”等问题引导学生思考，当学生回答时，教师需要给予肯定，并且通过引导让学生思考自身回答的疏漏之处。

（二）利用信息技术，提升学生的学习兴趣

信息技术作为一种新兴的科学技术，已经逐渐融入我们的日常生活，为了使信息技术发挥其正面作用，也为了增加教师教学手段的多样性，教师们不约而同地将信息技术应用到了自己的日常教学当中。目前，使用信息技术进行教学的方式主要是教师平常使用的多媒体软件以及视频播放软件，这种教学方式让学生能够更加“放大化”地观看到教师的讲义和更深入理解课程内容。在初中历史教学中，教师可以经常性地使用这种教学方式，比如我们在学习戊戌变法的时候，教师可以找寻一些与之有关的电影片段播放给学生看，让学生能够

通过电影来理解课堂内容。这种方式还能够增加学生的学习兴趣，让学生能够更深刻地感受到历史的惨烈以及真实，增强学生的历史核心素养。

（三）利用思维导图，增强学生的思维能力

思维导图也是当前教学中培养学生核心素养的主要方式之一，所谓的思维导图指的是整理出来的课程重点的图形，这种思维导图的方式能够让学生更加具体地了解课堂内容，能够增强学生对课堂内容的掌握程度。尤其是历史学科，知识点比较琐碎，有的时候学生记忆起来会比较困难，这时候教师使用思维导图能够让学生对整体的课堂内容有更深入地理解，能够提升学生的思维能力。那么我们教师应当如何使用思维导图增强课堂的效率呢?

首先，教师可以在课堂之前让学生使用思维导图进行预习，比如我们在学习商鞅变法时，教师就可以让学生首先将整体的内容整理成思维导图，能够增强学生对课堂内容的理解，为教师减轻教学压力，提升教师的教学效率。其次，教师可以在课堂教学中让学生将自己的思维导图与教师的思维导图进行对比，让学生从中总结出自身的不足，能够让学生学会如何把握重点。

四、结语

综上所述，在核心素养下提升历史课堂效率是具有重要意义的，教师应当不断地增强自身的综合素质以及改变教学方式，将学生培养成为高素质人才。

附录2：才疏志大不自量，西家东家笑我狂

邓老师的历史课

胡冬础

声如苍蝇，却也会“狮吼功”；面不带笑，却十分幽默；看似慈祥，却是严厉之师。这便是我们的历史老师——邓彬老师。

在此之前，我只知道他很凶，所以十分怕上他的课。星期四第二节课，邓老师风风火火地走进来，声音小得像蚊子：“上课！”我还没听清老师说什么，坐在前排的班长大喊一声：“起立！”大家条件反射地站了起来：“老师好——”“同学们好！”邓老师轻声地说。大家一动也不动，只等他说“坐下”。可是，邓老师什么也没说，只是看了看同学们。忽然，老师盯着一个同学，大家也跟着他的目光看过去。那个同学见了，马上停下手中的笔，端端正正地站好。邓老师这才小声地说：“坐下！”大家坐好后，有些人开始讲悄悄话，邓老师听到了，大吼一声：“谁在讲悄悄话？太不像话了。”吓得大家魂飞魄散。大家这才知道，邓老师也会“狮吼功”啊！

从那以后，历史课纪律特别好。

邓老师每次上课都要先看同学们几眼，将全班扫视一遍（有一次足足看了五六秒钟），之后就让同学们回答上节课的一些问题。一次上课，屈东东（化名）同学正在做着美妙的梦。邓老师说：“屈东东同学！”没用。邓老师又使出“狮吼功”了：“屈东东同学回答问题！”把大家吓得胆战心惊。只见屈东东抖了一下，眯了眯眼，站了起来。老师双手反剪，左手搭右手，脑袋微微向前，轻声细语地说：“请问，元谋人，距今有多少年了？”屈东东没有回答。

老师又问了一遍，他还是没有回答。时间仿佛在那一刻停止，所有人都望着屈东东。于是，沉默中，一秒钟、两秒钟……大家都大气不敢出。老师忽然大吼一声："坐下！"晴天一声霹雳，大家的心顿时都跳到嗓子眼上了。老师继续讲课。

从那以后，大家每上完一节历史课都不会忘记去复习。

老师处理人也很有趣。一次，有两个同学没有交作业，老师让他们站在草坪上，罚跑操。此时同学们最怕跑操了，前一节课是体育课，已经跑得快累趴下了。老师站在跑道边上司口令："各——就——位！"两个同学立即做好起跑的准备。于是，一秒钟、两秒钟、三秒钟，一点声音也没有。两个同学将头略微抬起，发现老师双手抱臂，一副看热闹的样子！老师又司口令："各——就——位！"两个同学又做好了起跑准备。但仍然安静得很，几秒十几秒过去了，仍没有"跑"的口令。大家哈哈大笑。邓老师说："不跑操了，去面壁思过去。你们——转身。"那两位同学转过身，把脸紧紧地贴着墙。老师："贴那么近，想抹墙上的灰吗？"大家笑得更厉害了。邓老师摸了摸他那短得几乎没有的胡子，说："算了，也别思过了，今天老师心情好，你们给我回教室去。"两位同学怀着惊魂未定的心情走了下去。

这便是我的历史老师——邓老师。以前，我认为历史课是枯燥乏味的，可自从上了邓老师的课，忽然觉得，历史课堂却也是妙趣横生的。

（胡冬础，长阳铺镇中学186班学生，在校就读时写了本文，先后发表于《初中生写作》2012年第5期和《作文新天地（初中版）》2012年第5期上，有修改。）

随风而学，喜结成长

蒋韶辉

古人云："君子以文会友，以友辅仁。"今群贤毕至，内心油然而生一种老友相见的激动与喜悦，迫不及待地想与各位同仁倾诉内心的"万千感慨"。

《论语》有载："士不可以不弘毅，任重而道远。仁以为己任，不亦重乎？死而后已，不亦远乎？"此乃世人的立德立言立行之道，更是中国人的千古精神坐标。而我们的初心与使命、信仰与担当，与湖南省邓彬名师工作室的研修在时空交错中相得益彰。

工作室学习和工作坊研修是目前教师在职研修的重要形式，我们认为，与工作室和工作坊文化、底蕴紧密相连的，那便是我们自己。邓彬老师是湖南省邓彬历史名师工作室负责人，邵阳市初中历史学科带头人，邵阳县初中历史兼职教研员，担当国培、省培辅导员多年，他以渊博的知识，精到的才学，旺盛的精力，一直活跃在邵阳市乃至全省历史教学与研究的舞台上。

与之初相识，是在2014年邵阳市初中历史教学比赛现场。数年来，我与邓老师亦师亦友：生活中他憨态可掬，能包容我所有的缺点；专业成长中他对我要求严格，一丝不苟，有时候甚至"不近人情"。记得2019年时，为了打磨为中方县国培送教的示范课，邓老师亲自组队到我所在的学校听课评课，在百忙中不厌其烦地跟踪指导，不达目的不罢休。我在邓老师的指导下不断成长，不断收获喜悦。

现在，邓老师亲自挂帅领衔，运用名师工作室的资源，明显增加了我们历史教师研修团队的文气和历史的厚重感，相信全体成员在这样的氛围中会很自觉地多了几分严肃感与认真度。

对每次研修主题的选定，我与邓老师都做过无数次的交流，都认识到本地学生的时空观念素养不高，很多基础知识的学习有待加强，时空混乱现象时有发生，史论结合史料实证的能力较弱，学习效果不佳。广大初中历史教师对涉及时空和史料实证的知识点的教学不够注重，时空和史料的渗透效果较差，师生对此的认识普遍停留于表面，教师教学中，还不能立足特定的时空、鲜活的史料引导学生理解历史事件的变化与延续，不能立足于学生核心素养的形成，无法真正形成内在素养，有悖于《义务教育历史课程标准》理念和目标。

面对这个问题，我们会有各自的认识与理解，我们搭建平台，坐而论道，就是要集思广益，寻找最佳答案。

我们希望您能对我们的研修主题感兴趣，我们期待在这样一个主题的带动下一起进步。各位研修教师来自不同学校，所以不仅仅要提高自己的课堂教学能力，还要在当地起到辐射引领作用，一起为提高邵阳县初中历史教学整体水平做出贡献。

培训重在参与，请您将工作角色转换为学员角色，积极参与培训活动。您是团队活动的主角，您越投入、越积极，我们的团队就越有活力，越有吸引力。从今天起，我们希望您忘掉年龄，忘掉您忙碌的工作，爱学习爱集体。您的积极参与必将赢来精彩的掌声！

培训贵在用心，请您提出您的问题，发表您的高见，享受培训的过程。请您以欣赏的眼光、研究的心态面对您参与的课程，认真聆听，勤于笔记，用心反思，取其所长，补己之短，不简单模仿、照搬他人做法，但可思索其做法蕴含的精神、文化和规律，并结合自身的情况，运用到实际工作中。

“非学无以广才，非心无以成学”，一次相识、相知、相学，终生同道、同志、同行！

（蒋韶辉，邵阳县塘渡口初级中学党支部书记，本文于2021年9月刊于《邵阳县初中历史骨干教师工作坊研修手册》上）

我身边的好老师——邓彬

李玉林

心理学家马斯洛说，人最高的需求是自我实现的需求。温饱问题解决人类的生存，而人的精神层面靠什么来解决呢？知识！知识可以丰富一个人的世界，充实一个人的灵魂，知识可以改变一个民族，民族的兴旺、国家的进步和世界的发展都离不开知识。知识积累的最重要阶段就是学校教育阶段。教育事业中一个个平凡却不可或缺的人，那就是教师，教师既平凡又独特。他们是教师亦是父母，是孩子们在人生道路上前行的指南针。他们把最美好的青春年华献给了教育事业，他们送走又迎接一批批学子，孩子们去创造未来，他们仍然坚守三尺讲台。今天我要写一写我身边的好老师——邓彬老师。

用心教书，用爱育人。“这个邓蛮子，又在放狠话了。”每次经过邓老师的办公室，总是会有老师用“邓蛮子”来评价邓彬老师。邓老师确实是一位对学生说得出狠话做得出硬事的老师。“我的爱好就是教书，我有的是耐心、有的是毅力，我陪着你，我们拼决心、拼毅力，你一日不进步我一日不放手。”邓老师这种夹带着关爱的狠话，感化了不少孩子。

班里有一名叫作小坤的学生，三天两头不归校，上课从来没有坐正过，经常惹是生非，班级破坏性极强。小坤经常说：“管得了我的人还没出生。”邓老师一听这话就不同意了，他说：“一头牛我也得拉回来。”从此，邓老师每次下课都找他谈心。小坤犯了错误，他总像对待自己的孩子一样，循循善诱。经过一个学期的努力，小坤改掉了一堆毛病，学习成绩也突飞猛进了。小坤说：“如果没有邓老师对我的关心和严厉，不知道将来的我会是什么样子，邓老师是我最敬佩的人，也是我最需要感恩的人。”

邓老师对工作兢兢业业、精益求精，从没有半点马虎。每次上课前一天，他就认认真真地将做好的课件反反复复地校对、修订。他这样做，为的不是完成一节课的教学任务。他说，每一堂课、每一件课件都承载着希望，绝对不能将错误的知识传授给学生，知识传递工作不容出错。

邓老师对班上每一个孩子的学习情况都了如指掌，学生的学习能力、学习习惯、学习态度，在邓彬老师心中绘成了一张数据图。他从学生的眼神看态度，从学生的行为看心态，从谈话中掌控全局，用学生的话说就是：“我们班的同学在邓老师面前那都是‘裸奔’的，他总是可以一眼看穿所有，没人敢造次，也没人敢偷懒。”对学生情况如此了解，教育起学生来哪有不轻松的？因为邓老师，我相信“没有学不好的学生”。

营造环境育人，这是邓彬老师又一个教育特色。每一次经过邓老师所带班级，老师们都会停下脚步左顾右盼。走廊上、窗台上、讲台旁，一抹抹绿色让人舍不得挪步：绿萝、仙人掌、仙人球、兰花、多肉，品种很多，整个教室令人十分舒适。教室走廊上更热闹了，到了春夏季节，辣椒树要开花结果了，一番生机勃勃的场景。“我种的是朝天椒呢，我希望生活都是向上而行，希望都是向上而生，这是我和孩子们共同努力的成果。”邓老师这句话差点就让我相信了，其实邓老师是利用看护这些花草来培养学生的爱心，赢得环境的舒心，培育花草的本质就是培育学生。是的，他把自己所有的青春年华和热血都种在长阳铺镇中学这片土地上了，等待百花盛放，等待桃李满园。

2019年秋季，因为化解大班额，九年级调整出来一个新增的班级。这需要一个教学经验丰富且能够掌控大局的班主任。想来想去，邓老师挑起了重担。接任不到一个月，邓老师出现了头晕症状，到医院一查，发现是颅底脑膜瘤。因为放心不下学校的工作，他没有跟任何人提及自己的病情。直到他去长沙住院做手术时，老师们才晓得他生病的消息。住院期间，邓老师还是不忘学校的工作，工作群里总是会有他的工作事项和工作安排，担心学校的工作，担心学生马上就要面对升学考试。出院后，医生建议他休养一段时间，但他直接回了学校。他还自我调侃说："我这辈子最快乐的事情就是教书育人，最得意的事情就是桃李满天下，如果不让我工作，那比生病更可怕。"

我传递的每一份知识就像手中紧握的种子，播撒下去，便会郁郁葱葱、漫山遍野。邓彬老师就是这样一位撒播种子的好老师。在教育上，我要秉承学习精神，向邓彬老师学习，争做新时代的好老师。

（李玉林，邵阳市双清区明德学校英语教师，曾供职于邵阳县长阳铺镇初级中学）

我的备课大赛故事

刘素兰

一、没有打酱油的

2017年集体备课大赛的通知，让我有点苦恼：参加吧，学校只有我一个历史老师；不参加吧，又觉得有点可惜，错过了一个学习的好机会。恰好湖南省邓彬名师工作室的邓老师在群里发召集令，我就随口报了个名，也是想打个酱油，蹭个团队做做而已。可几天后群里出了个安排，我居然被邓老师安排做了个主备人，当即有点为难。我其实好多年没有上公开课了，年龄也不年轻了，在很多乡下学校已是退居二线了。在这名师会集的网上备课中做主备，我能行吗？我心中还真有点忐忑不安，可不好意思回绝。索性骑驴看唱本，走着瞧吧！

团队的命名体现各位老师的地域特色——邓彬工作室郴衡娄历史小分队。经过一番沟通，协调，各位老师都恪尽职守，圆满完成了任务，我们顺利闯入第二阶段。第二阶段录课因为我们学校条件简陋，只能用手机录了一节课，上传得很匆忙，赶在大赛结束前一天，刚好完成上传任务。其间课件的集成修改、录课、转化格式、剪辑上传确实是一个比较磨人的过程，最终我们拿了个二等奖。我既做主备又做主讲，初次参加网络大赛的选手，又是跨校团队，已经很惊喜了。在这过程中，我被迫学了很多的网络技术，对于课件的制作也更加得心应手，课堂教学过程中对于课件的掌控也更加自如，不会再出现上课中被课件牵着走的局面，实实在在地把网络教学融入我的实际工作中，在教学中想要什么，基本都能自己解决。这就是收获吧！

二、弄成连续剧

2018年的大赛我原本没想再参与，可是邓彬名师工作室将其作为课题组的工作任务布置下来，为了讨论方便，我决定在本地组织老师一起参与。结果有一天，我接到一个陌生电话，说是愿意与我一起组织团队参与集体备课大赛，居然是上次我们团队的曹勇强老师介绍来的，我有点意外。原来这个备课大赛还能弄成连续剧啊！

因为梁老师的主动参与，才促成了本次团队的诞生，文理老师是我们铁路园的青年才俊，电脑工程师，网络技术一流，我去年的录课就是在他的帮助下完成的，我们早就说好今年若是有机会就好好合作一下。何阿军老师是我们铁路园的带头人，为人谦和，工作认真，多次很谦虚地跟我说愿意与我们一起学习交流历史。我的一个老朋友给我介绍了一个细心又能干的90后小姑娘——刘永林老师。就这样我们这一支专业与技术兼备的团队组织成功。相比去年，我觉得更有信心与勇气。在大家的努力下，我们顺利完成了初案与二案的发布，讨论记录也有了一百多条，大家对于学情的分析、教学目标的设定、教学方法的选择，都提出了各自独到的意见，我们的教案正在一步步地孕育。

（刘素兰，耒阳市实验中学铁路园分校历史教师，本文刊发在贝壳网“我的备课大赛故事”栏目中）

后 记

2012年9月，全国教育信息化工作电视电话会议提出，当前和今后一个时期要大力推进“三通两平台”建设。此后，信息技术与学科教学深度融合开始进入快车道。作为一名初中历史教师，我全力投入其中，在初中历史学科的空间教学、名师网络工作室、移动教学资源开发与应用，以及教材教学、考试和课题研究等领域积极探索，发现了广大初中历史教师在教学工作中的一些问题和需求。为了更好地开展这些工作，我先后组建了湖南省邓彬初中历史名师网络工作室、湖南省优质空间课堂，同时参与或主持了一系列研究课题，将一些成果、感悟、思考和案例陆续撰写成文，一些文章得以发表。2015年，我有幸担任邵阳市微课制作培训教师、高中文科综合教师工作坊主持人、邵阳县初中历史兼职教研员，由此开启了教师培训和教研工作，收获很多，又形成一些反思、心得和调研报告。一直以来，我始终站在学校教育教学工作的一线，并整理了一些育人案例和故事。

看着这些文章，突然发现在湖南省邓彬初中历史名师网络工作室的旗帜下，不仅工作室团队成员的专业素养、教学技能等得到了提升，我也得到了成长，是时候梳理和总结一下工作室建设与应用的教育教学研究成果了。于是，我以教研、争鸣、课堂、中考、师训、教育、心扉为主题，整理了相关文章50余篇。又以“附录1：一花独放不是春，万紫千红春满园”“附录2：才疏志大不自量，西家东家笑我狂”为主题，收集了工作室成员文章9篇，结集成了这册书。

这些文章从观点萌发到纲要酝酿，从着手撰写到修改定稿，历时十余年。我和我的工作室团队成员在辛苦劳累中走过，经历了工作室建设和课题研究等酸甜苦辣、沟沟坎坎，坚持不断，竟然积累成册。感谢一直以来给予我指导、关心和支持的前辈们，他们有湖南省特级教师李美华老师，邵阳市电教馆谭丽娟老师，邵阳县教研室陈良虎、张晓阳老师，等等。他们让我知晓教育要严谨治学、孜孜不倦，要不断探索、苦钻勤研，要笃学慎思、勤于笔耕。

在本书的撰写、编辑和出版过程中，也得到了各级领导和我主持的湖南省邓彬初中历史名师网络工作室核心成员的大力支持。其中，胡国雄、罗辉先不遗余力，给予了热情帮助。肖建云为《从困惑到彻悟，探索历史课的生机和活力——从教以来的教学实践得与失》一文、李开喜为《“初中历史活动课教学实践研究”研究案例》一文的完善提出了宝贵的意见，罗瑛为《〈答南诏牒〉译文》一文、孙姣为《“名师工作室促进湘西南地区初中历史教师专业发展的实践研究”研究案例》一文开展了富有创意的工作。在此，一并表示诚挚感谢。

我作为一名躬耕历史讲坛的人，因为执着和热爱，借这册小书记录了湖南省邓彬初中历史名师网络工作室引领下的初中历史教学的行与思。如果它的诞生能对当前初中历史教学和教科研工作起到借鉴作用，我会感到很欣慰。

邓　彬
2023年3月25日于邵阳九龙城